WINGED HORSE

WINGED HORSE
76 Assamese songs

Dr. Bhupen Hazarika

Translated by
Syed Ahmed Shah

Edited by
Syeda Jebeen Sabira Shah

Coolgrove Press

Copyright © 2018 Syed Ahmed Shah

Winged Horse: 76 songs of Bhupen Hazarika translated by Syed Ahmed Shah and edited by Syeda Jebeen Sabira Shah is published by Coolgrove Press. *Winged Horse* was originated by Coolgrove Press, an imprint of Cool Grove Publishing, Inc. NY, 512 Argyle Road, Brooklyn. NY 11218

All rights reserved under the International and Pan-American Copyright Conventions. Please direct all inquiries to info@coolgrove.com

2nd Edition
ISBN: 978-1-887272-74-0
Library of Congress Number: 2023942454

The 76 songs in Assamese script by courtesy of Dilip Kumar Datta from his *Bhupen Hazarikar Git Aru Jibon Roth*

Cover art and book design: coolgrovearts

(Cover image of woman on a winged horse image is a modification of an Art Deco image work by sculptor/designer René Chambellan. It can be found in the elevator of The Century Building, on the upper westside, Manhattan).

Excerpt from The Nobel Lecture in Literature, 1993 by Toni Morrison, copyright © 1993 by the Nobel Foundation. Used by permission of Alfred A. Knopf, an imprint of the Knopf Doubleday Publishing Group, a division of Penguin Random House LLC. All rights reserved.

With apologies and thanks to any uncredited photographers. Please contact us to add proper creditation in future editions

Media alchemy by Kiku

Coolgrove Press

dedicated to Father

Foreword

I thought they were twins!
Now, I know:
He was the River,
The River was He.

Like the great river meandering through the valley of Assam, he flows effortlessly through the hearts of countless millions, inhabiting the verdant valley, and far beyond. His music gushed forth from the soul of the land, where he was born; but his audience was entire humanity, and his message, universal. Bhupen Hazarika managed to jump over 'narrow domestic walls' separating human hearts with ease of one of his seamless compositions. He was the epitome of love, and compassion and he spoke in a language understood by all, the language of belonging.

What is so special about Bhupen Hazarika? There are thousands of singers out there in the world, writing and composing their own songs, promoting positive human values with universal appeal. Many more with greater singing skills, and sweeter voices. But none touched the heart and the intellect at the same time, as he did. None managed to stir the collective consciousness of a people, as he did as a musician. Each song of his, numbering abput 800, stood alone in their place. Unique in content, style and delivery. One and only of its kind. Nothing before nothing after. That was Bhupen Hazarika for you. The one and only.

Bhupen Hazarika was not a religious leader, not a philosopher, not a social reformer, not a statesman in the conventional sense. But he was the 'brother'. The suffix 'DA' added to his name says it all. Bhupenda or 'Brother Bhupen' was the eldest brother of the family who is always there with his consoling hands on your back, when times are a bad. His songs soothed your nerves, lifted your spirit, gave you moral and physical strength, removed your doubts, cooled your heart.

I am a native of the land where the bard was born, and I speak the language spoken by him. For about half a century, his songs served as background score to the drama of my insignificant life. For every stage, for every situation, for every emotion I had experienced, there was a song of his playing in the background. From lullaby to love songs, parental attachment to patriotism, rule of reason to intense radicalism, moral dilemma to breaking of social norms, he had a song.

I grew up to become a young man humming these songs, and I am inching towards my grave listening to these songs. For a dyed in wool Assamese, there is no escape from the influence of the bard.

This is a work of love. A selfish work in a sense, that I am interpreting the songs, as I hear them. I have always believed that for every word of his, there floats in air, several invisible; but meaningful bubbles of silence. My translations do not ignore the inaudible and unspoken. This may appear as sacrilege. But let me assure you I have not taken too much liberty. Bupenda's 'truth' sounds in my ears as 'reasoned truth', not 'unquestioning blind faith', or 'superficial reality'. His 'love' transcends the conventional meaning, and reaches higher planes. These observations can be easily discerned in my translations.

These are my translations, and these are my interpretations. Sometimes, for the sake of lucidity, I have taken recourse to additional play of words so that the native aroma of the target language is not missed too much; but I have done so without compromising the overall sense of the original sentence or stanza.

One disclaimer. These translations cannot be set to music. These are translations of the lyrical poetry, not necessarily that of the songs in their original meter, rhythm and beats. However, the reader may hear the gentle ripples of a lyrical composition in some of these translations.

Tej Hazarika and Syeda Jebeen Sabira Shah, both of New York, worked very hard for this book. Half the credit goes to them. My heartfelt thanks to Asad ur Rahman, (alumnus of St. Stephen's College, Delhi University, AMU, Cambridge University), and Prof (Retired), of English Literature, Brooklyn College, City University of New York (1968-1996), AMU (1951-1968), for enthusiastically going through many of the early translations, and offering his critical comments. The accolades shall be shared; but the brickbats are entirely mine.

—Syed Ahmed Shah

WINGED HORSE

The Bard of the Brahmaputra

    From humble beginnings in Assam and at a young age Bhupen Hazarika was exposed to dynamic Indian freedom fighters but his inherited charge as a creative leader-type to emerge was not an easy path. But with a grounding in classical education and opportunity to travel abroad for higher education allowed him to cultivate a global perspective as a modern 20th century man who was Indian. He would use his training in mass communications to achieve his goal to help others attain that liberation from want and denial. Knowingly he chose to write in his mother tongue, perhaps in the spirit of 'charity begins at home', to his credit and certainly, due to his love of Assamese, his first culture. Later he would compose in Bengali. And as he wrote of nature, people, romance, economics, science and historical epochs, he always reported and celebrated the humanity to be found in the legendary diversity of modern India. Understandably he had a soft spot for the people of the Northeast India as he created ways to simultaneously empower them while introducing them to the rest of India. Thus he chose mass communciation to try to integrate Indians into a broader and more accesible and viable identity on the national and world stage than existed before.

Days after the popular and much loved Indian artist expired on November 5th 2011, two states in northeast India were officially shuttered for the day to mourn his loss—his home state of Assam and West Bengal. The same reaction was witnessed in neighboring People's Republic of Bangladesh. The emotional intensity of loss expressed by the people at his cremation defies easy explanations. It would not be an exaggeration to say that through his songs and vocalizations, he had touched his audience deeply across every divide.

Dr. Bhupen Hazarika, adoringly known as the *Bard of the Brahmaputra*, was a legendary singer, lyricist, music composer, scholar, artist and above all, a humanist who dared to dream of a classless society. Although fluent in Hindi and English, he wrote in Assamese, his mother tongue. His poetic soul ranged far and wide across many topics, from the human condition and its dependence on nature, history and politics to the detailed pathway to visionary rapture. His empathy for the people was not lost on them, and they knew he was including them in his vision for the future. For that he remains a source of inspiration for many who have heard his songs.

Wherever people speak Bengali he also became a household name, and of course they had a special affection for him as he composed and sang in Bengali. The neighboring state of Bangladesh holds Dr. Bhupen Hazarika in high regard, crediting him for providing songs that Bangladeshi freedom fighters sang out in their bitter fight for independence from Pakistan. Late in his life, a handful of his songs sung in Hindi and featured in films brought him national recognition. But even now, a huge portion of his songs, over 600, remain unknown to non-Assamese speaking people. Ironically it was only towards the end of his life that English translations of his songs started appearing in print.

On August 8th, 2019, the Late Dr. Bhupen Hazarika (1926-2011) was posthumously awarded India's highest civilian award, the *BHARAT RATNA*, which was received at an investiture ceremony in the Rashtrapati Bhavan by his son.

WINGED HORSE

> *Whether it is obscuring state language or the faux language of the mindless media; whether it is the proud but calcified language of the academy or the commodity-driven language of science; whether it is the malign language of law-without-ethics, or language designed for the estrangement of minorities, hiding its racist plunder in its literary cheek—it must be rejected, altered and exposed. It is the language that drinks blood, laps vulnerabilities; tucks its fascist boots under crinolines of respectability and patriotism as it moves relentlessly toward the bottom line and bottomed-out mind.*
> —Excerpt from THE NOBEL LECTURE IN LITERATURE, 1993 by TONI MORRISON

THE MAKING OF WINGED HORSE

Words mattered for Bhupen Hazarika. Today they matter to us in new ways, as the public language of many nations deteriorates, along with shared notions of what it means to be civilized. *The Winged Horse* carries the words of a man who used language to show his soul to the world, who believed in the common humanity of all, so we wanted this volume to serve as a generational bridge from his time to now and into the future. Even though aspects of his meaning may become hidden obscured in translation, his original work holds such great value that it begs to be translated, allowing as many people as possible to enjoy of the feast for the soul he created to celebrate our shared humanity.

Unfortunately, literary works are so much harder to translate than technical manuals due to the many and complex layers of concepts, nuances and spirit implicit in the work. Such a 'transfer' is further complicated by the reader's preconceptions and biases. Then how does one retain the poetics and intimations of truth in translating such writing? With great difficulty and absolute dedication to conveying meaning, and a belief in the good that is embedded in humanity. Despite the problems of trying to do justice to such important intangibles, there are some translators who faithfully take on such a task, out of passion to share their love and esteem for the literary work with as many people as possible.

We were so very fortunate enough to find such a one who made this project possible. Syed Ahmed Shah's English translations of Bhupen Hazarika's songs came to my notice before my father took his last breath on November 5th, 2011. At the time I had long identified myself as Assamese, yet I lived a parallel life at a distance, with little spoken Assamese in my life except when I visited Assam. The other occassions when I 'spoke' it were when I sang my dad's songs in Assamese, so understandably I was hungry to find yet more meaning in his work. Then appeared before my eyes, quite literally, some of Syed Ahmed Shah's translations, yet un-published, on social media. In less than a year after, he expired so I considered this connection a most fortunate gift from my father posthumously, which could not have come at a better time in my life.

Manju (the translator's nickname) was introduced to me by his sister Syeda Jebeen Sabira Shah (Jebeen), a resident of NYC. His translations struck all the right notes to captivate me, and as he sent me new translations, song by song, I shared them online to the great delight of many. I knew that I wanted to publish them and I am so grateful to Jebeen. She helped me understand the meanings of Assamese expressions which I craved to know, and her patient encouragement and editorial precision were vital. And Manju delivered the translations with tremendous vigor and focus. In New York, Jebeen and I added value to the book. Now, *Winged Horse* can serve as a 'Rosetta Stone' into Bhupen Hazarika's world. This is especially true for those, like myself, who are connected to Assam but not well-versed in the language. I was (and remain) eager to learn Assamese better and my closeness to the production of the book immersed me in it, even in New York City. I continue to find that even a few moments 'using' this book is an instant language bridge that connects my mind with the depth and beauty of Assamese culture. Because he wrote these songs in Assamese, we included the Assamese script to remind readers of the original language of the songs. We believe that the preservation and exploration of Bhupen Hazarika's songs is akin to the preservation and exploration of Assamese culture as well as a manual to discover and cultivate our Humanity.

It is common practice to refer to Bhupen Hazarika's songs as 'Bhupendra Sangeet'. Every year around the time of his birth and death anniversaries (Sept 8 and November 5th), to the delight of young and old across the many communities, singing contests of Bhupenda's 'evergreens' come alive all over Assam. It should be known that those popular songs, sung by so many, are but a small fraction of his work—we believe that he wrote more than 600 songs! Mr. Shah's selection of 76 is more than a handful and casts a wide net over many subjects. Some of them can be found online to sing along with, adding another dimension of pleasure from this slender tome.

I sincerely hope that *Winged Horse* will inspire new generations in many ways as they experience Bhupen Hazarika's depth and eloquence: some will pick up a few tips on how to live life, some will be inspired to learn Assamese, many may be emboldened to validate their own experiences; and most importantly some readers, when adrift or lost, will find the polestar needed to attain the promise of freedom, comfort and dignity.

—Tej Hazarika, publisher

Contents

Dedication		VII	
Foreword by Syed Ahmed Shah		VIII	
The Bard of the Brahmaputra		XI	
The Making of Winged Horse		XII	

1. Xagor Xongomot • At the Confluence of the Oceans — 2, 87, 180

2. Akaxi Gonga Bisora Nai • I Seek Not the Celestial Stream — 3, 88, 182

3. Oshto Akaxore Xopun Rohon Xani • Dyed in Heavenly Hues of the Sunset Sky — 4, 89, 183

4. Shilongore Godhuli • An Evening in Shillong — 5, 90, 184

5. Moi Aru Mor Sa • I and My shadow — 6, 91, 185

6. Sirojugomiya Dhou Tuli • Creating Everlasting Waves — 7, 92, 186

7. Xitore Xemeka Rati • In This Damp Wintry Night — 8, 93, 187

8. Oi Oi Akax Xubo • The Sky Goes to Sleep — 9, 94, 188

9. Kahini Eti Likha • Write a Story — 10, 95, 189

10. Xurat Mogon Bhoyal Rati • Intoxicated Ghostly Night — 11, 96, 190

11. Mor Gan Houk • Let My Song Be — 12, 97, 191

12. Jonakore Rati • Moonlit Night — 13, 98, 192

13. Etukura Aloxuwa Megh Bhanhi Jai • A piece of fluffy cloud hovers above — 14, 99, 193

14. Jibon Ghorir Protitu Pol • Dissolving Seconds — 15, 100, 194

15. Jhok Jhok Rail Soley • Chug, Chug — 16, 101, 195

16. Dola • The Palanquin — 17, 103, 196

17. Bikhyubdho Biswo Konthoi • Fireball — 19, 104, 197

76 Assamese Songs of Dr. Bhupen Hazarika

18. Hu Hu Dhumuha • Howling Storm   20,   105, 198

19. O Thunuka Kanch Ghor • O Fragile Glass House   21,   106, 199

20. Notun Nimati Niyorore Nixa • Dew Drenched Night   22,   107, 200

21. Gum Gum Gum Gum • Let the Clouds Roar and Rumble   23,   108, 201

22. Mrityu Xaboti • Embracing Death   24,   109, 202

23. Oy Nilaj Pahar • O Barren Mountain   25,   111, 203

24. Protidhwoni Xunu Moi • I Hear the Echo   26,   112, 204

25. Manuhe Manuhor • If Man Won't Care For Man   28,   114, 205

26. Jonaki Poruwa • Fireflies   29,   115, 206

27. Koto Juwanor Mrityu Hole • Oh, So Many Are Dead   30,   116, 207

28. Chitralekha • The Lady With the Brush   31,   118, 208

29. Eitiba Kon Ulale • Look, Who's Here   32,   119, 209

30. Xuworoni Kuwoliye • Misty Memories   33,   120, 210

31. Nekandiba • Please Do Not Cry   34,   121, 211

32. Bidexi bondhu • Foreign Friend   35,   122, 212

33. Xomoyor Oggrogotir • On The Winged Horse   36,   123, 213

34. Anor Karone Jibon Xolita • How Long Will Your Life's Candle   37,   124, 214

35. Porohi Puwate • The Morning Before   38,   125, 215

36. Pahar Bhoyamor Xongom Tholite • Where the Valley Met the Hills
                                                           39,   126, 216

37. Bhorir Toluwar Pora • If You Feel the Ground Disappearing   40,   127, 217

38. Muktikami Lokhyojonor • Can You Hear the Muted Cry of the Silent Millions
                                                           41,   128, 218

39. XOTIKAR ROOP KHEDU • I PURSUE THE VISION	43, 130, 219
40. JIBONTORE KANDUNKHINI • THE TEARS, I HAVE SAVED ONLY FOR MYSELF	44, 131, 220
41. KOHUWA BON • KANS GRASS	45, 132, 221
42. TUMIYE MOR • YOU: DOE-EYED BEAUTY OF MY DREAMS	46, 133, 222
43. XONGRAMO LOGNE AJI • IN THIS MOMENT OF STRUGGLE	47, 134, 223
44. MOI JEN AJIBON • WANDERING BEE	48, 135, 224
45. MOI JETIYA • WHEN I LEAVE THIS WORLD	49, 136, 225
46. O XUR KHELIMELI HOLE • WHERE HAS THE COWHERD GONE?	50, 137, 226
47. JAGROTO MANUHOR SA • SHADOWS OF MAN AWAKENED	51, 138, 227
48. BIMURTTO MOR NIXATI • THIS FORMLESS NIGHT	52, 139, 228
49. XOBDO ARU • IN THE WORLD OF SOUND AND MUSIC	53, 140, 229
50. DIHINGE DIPANG AJIBON GHURILU • I HAD WANDERED AFAR	54, 141, 230
51. AKAX XABOTI • HUGGING THE SKY	55, 142, 231,
52. AJI JIBON BUTOLIBI • RECLAIM YOUR LIFE	56, 143, 232
53. MOR GEETOR • O THOUSAND LISTENERS	57, 144, 233
54. APARUPA APARUPA • PRETTY WOMAN	58, 145, 234
55. O TOI OBUJ MON • O MY UNREASONABLE HEART	59, 146, 235
56. E... NOROMONIS • O MAN	60, 147, 236
57. MOI ETI JAJABOR • I'M A ROLLING STONE	61, 148, 237
58. AKAXI JANERE • FLYING ON AN AIRPLANE	62, 149, 238
59. XUWORONI MOR • MEMORIES	65, 152, 240

60. Potrolekha • Writer of Love Letters	66,	153,	241
61. Otitor Buronji Likhoke Likhisil • Chroniclers of the Bygone Age Wrote About Kings	67,	155,	242
62. Ei Prithivi Ek Krirangon • This world is an Amphitheatre	68,	156,	243
63. Ei Paani • This Deluge	69,	157	244
64. Prothom Nohoi Dwitityo Nohoi • Neither First Nor Second	70,	158,	245
65. Xurjyo Udoi Jodi • Sunrise	71,	160,	246
66. Xorotor Xewali • Autumn Jasmine	72,	162,	247
67. Zindabad Mandela • Long Live Mandela	73,	164,	248
68. Bhang, Bhang, Bhang • Break Break Break	74,	166,	249
69. Tumi Biyar Nixar • In the Nuptial Night	75,	168,	250
70. Modarore Phul • Modar Flower	76,	169,	251
71. Tomar Uxah • Your Breath	78,	171,	252
72. Nelage Xomaj We Don't Need the World	79,	172,	253
73. Liengmakaw • Liengmakaw	80,	173,	254
74. Jah Jaagoi • Go Go Away	81,	174,	255
75. Eti Kunhi Duti Paat • Two Leaves and a Bud in Rotonpur	82,	175,	256
76. Buku Hom Hom Kore • The Heart Burns and Bleeds	84,	177,	258

Songs in Assamese Script	179
About the Translator	260
About the Editor	260

1. XAGOR XONGOMOT
AT THE CONFLUENCE OF THE SEAS

I've been swimming so long
At the confluence of the seas
But not worn out by fatigue

The cycle of waves
In the Pacific in me
Still remains restive ...

The tireless tides
In my Pacific heart,
Show no sign of ceasing
The endless waves
Breaking new grounds
Show a spirit unyielding...

Peace today is distressed
In the noble lives
Across the Pacific shore
New creations reel
Under relentless assaults
From demonic forces of evil
Hence, the cycle of waves
In the Pacific in me
Still remains restive...

The destructive attacks
Confronted with vigor
By countless soldiers of creation
These conflicts have opened
New frontiers of progress
In my Pacific Ocean
Hence, the cycle of waves
In the Pacific in me
Still remains restive...

The strength emerging
From the depths of the Pacific
Baffles the forces of destruction
The endless march of peace
    loving men,
Is the living source of creation
Hence, the cycle of waves
In the Pacific in me
Still remains restive ...

film: Era Bator Xur, 1956 • English word approximations on page 87
• Assamese script on page 182-183

2. AKAXI GONGA BISORA NAI
I Seek Not the Celestial Stream

I seek not the celestial stream
Nor crave for adornments of gold
In life's bitter struggle I yearn
For someone's loving words ...

Countless waves have I seen
In many an ocean great
I've lost my way so often
In many a city's maze
Chasing a mirage called love
In silence I shed tears...

True, that every day
I earn a thousand praises
But praise from someone special
Is what I dearly miss...

In grand halls of music
Blood drips from my throat
Bringing wholesome smiles
Onto my listeners' lips
But in my minute of silence
Who would lighten my grief...

I seek not the celestial stream

3. OSHTO AKAXORE XOPUN ROHON XANI
Dyed in Heavenly Hues of the Sunset Sky

In surreal colors of sunset sky
The crimson water of the tired river
Rolls by, rolls by, rolls by

Which painter of beauty sublime
Sprays the colors of the peacock feather
From his lotus-boat, all around

On the banks
Countless men
Countless are the tales
Breathing myriad
Hopes and despairs
Of countless ages

If the horizon is what you aspire, O painter
Bring ashore your lotus- boat, just once
The horizon of life has no limits
You are going to realise

The sun goes down, goes down, goes down...

Guwahati, 1964 • English word approximations on page 89
• Assamese script on page 183

4. SHILONGORE GODHULI
AN EVENING IN SHILLONG

An evening in Shillong
Golden memories
Of an autumn evening,
In the city of dreams,
Linger on...

Golden memories
Of an autumn evening,
In the city of dreams,
Linger on...

Passing the colorful bazaars, we walked
Bare feet over the soft carpet grass
You and I, by that little gurgling stream,
Almost slipped the other day, laughing...

Darkness slowly descends on the village far away
You and I, in each other's arms,
Simply get carried away...

Two streams turn into vast open seas
Swamping the forest of tall pine trees
The swarming fireflies playfully tease
That we are two floating Night Jasmines...

Pinewood Hotel, Shillong, 1968 • English word approximations on page 90
• Assamese script on page 184

5. MOI ARU MOR SA
My Shadow and I

Who says I am alone
My shadow and I
We're companions for life
Do not say O world
That I'm a lonely soul
My shadow and I

'A life without friends
Is my only friend'
Why do you pity me
Saying so with disdain
My shadow and I

Of what use are friends
Living in far-off lands
Only the shadow remains
True to the very end
My shadow and I

Whenever I try to build
Castles of sand in dreams
It is my shadow again
Lending a helping hand

On dark roads
My shadow promptly spreads
Before me as I walk
A shining carpet of light

My shadow and I
We're companions for life

film: Lotighoti, 1966 • English word approximations on page 91
• Assamese script on page 185

6. SIROJUGOMIYA DHOU TULI
CREATING EVERLASTING WAVES

Creating everlasting waves
The ageless boat sails on
Drawing landscapes
On the river of time with
Ripples gleaming in the sun...

Whose infinitesimal aspirations
Float in air like pollens...

O' the poet within,
Look here, look here, who passes by
Spreading the message of love...

Raising ripples gleaming in the sun
The melody boat rolls on...

Whose infinitesimal aspirations
Float in air like pollens...

Upstream
On the beloved River
The mythical scribbler
With swan feather
Scribbles on pages of history...

O me, the weaver of tunes
Sing on... sing on
For today, there will be no drought of songs...

Kolkata, 1963 • English word approximations on page 92
• Assamese script on page 187

7. XITORE XEMEKA RATI
IN THIS DAMP WINTRY NIGHT

In this damp wintry night
In this damp wintry night
In this damp wintry night
In this damp wintry night

I wish I was
The cozy warmth
Of the sawdust fire
Silently smoldering
Inside the crumbling hut
Of a poorly clad farmer

In this damp wintry night...

I wish I was
The mighty power
Of fiery hunger
Pent-up inside
A starving daily wage earner
Suddenly bursting into flame

In this damp wintry night...

I wish I was
The sweet shield of security
Giving expression
To the mute scream
Of a frightened minority.

In this damp wintry night...

I wish I was the golden voice
To a stifled singer dying to sing
That unsung song immortal
Capable of welcoming the dawn.

On this damp wintry night....

Kolkata, 1969 • English word approximations on page 93
• Assamese script on page 187

8. OI OI AKAX XUBO
THE SKY GOES TO SLEEP

The sky goes to sleep...
The wind goes to sleep...
There looms over the horizon
Clouds of an impending doom...

Numbed with nameless terror
Time freezes in its track
Tears metamorphose
Into lifeless stones...

The annals will pass into
A state of deep slumber...

If sin is evil, why this burning desire
If attachment is evil, why this weeping lyre
If separation is evil, why these painful longings
Who can answer these questions...
Who?

In this night of
Unsolved riddles
My baby goes to sleep
Raising the age old questions
Once again
What is right
And what is wrong
There looms over the horizon
Clouds of an impending doom...

film: Protidhwani, 1964 • English word approximations on page 94
• Assamese script on page 188

9. KAHINI ETI LIKHA
Write a Story

I had asked you time and again
To write about a man helping his fellow man
But hardly would you listen, my friend
The writer, you were so vain!

Remember the time when you came
Rushing to me in search of heroes
And I had narrated to you stories
From human history, forgetting my own
But you wrote about someone else
O my friend, the weaver of fables
Your tales were nothing but lies
Born in the womb of your brain…

The stories you had chosen to ignore
Were written in history by time
You couldn't see the waves of struggle
By thousands that merged with my own
Your clever pen has exhausted its ink
Your words wouldn't walk any more
And I wouldn't waste my time again
Going out needlessly in your search
Nor will I ask you to write
A hundred times like I did before
O writer, my companion
Your stories are so full of lies,
Figments of imagination…

Kolkata: 2nd July, 1964 • English word approximations on page 95 • Assamese script on page 189

10. XURAT MOGON BHOYAL RATI
Intoxicated Ghostly Night

Intoxicated ghostly night
Muted uproar
Like a wail of sunshine
I am a procession of sounds...

It is time the moon and the stars were
Plucked out of the sky
And smashed to the ground
When will sunflower adorn
The grave of compassion...

The children of conventions
Do not obey the rules anymore
Mother's eyes
Turn into hazy holes
Under curtains of mist...

The vultures hold their meetings forever
Leaving behind their speeches
Our days are like
The crooked horns of a lifeless deer...

Sung by Jayanta Hazarika; film: Brishti, 1974
- English word approximations on page 96
- Assamese script, page 190

11. MOR GAAN HOUK
Let My Song Be

Let my song redeem one's faith, not cynicism
Let it sing the praise of truth, not idle musings

Let my art leave its mark in the realm of excellence
Let it awaken the great soul of a certain crusading man

Let contemporary conflicts, life's brilliant flashes,
Raise my song, sung in unison by million voices

Sowing seeds of destruction dividing human hearts
Is never my song's intention, peace is all it wants

Let my composition bring to life the past and the present
Let there be swimming in it the future ever radiant

Confronting every wall of intractable obstruction
Let my song overcome all with a lightning momentum…

Shillong: 21st January, 1970 • English word approximations on page 97
• Assamese script on page 191

12. JONAKORE RATI
MOONLIT NIGHT

The landscape shimmers
In the moonlit night
Flowers of Jasmine
Fall off softly
Embracing the cool breeze...

So close to my heart
This land of mine
There springs, everyday
Fresh new dreams....

Stars frolic on the golden waters
Of the village stream...

As fresh optimism
Illumines every poor hut,
Darkness hastily retreats
From our midst...

Who can obstruct
The river of change
Running through my land...

The banana leaves swing
To and fro, in the wind,
Like a bird, my heart takes wings
Hearing the magical strains
Of a tribal flute...

film: Era Bator Xur, 1956 • English word approximations on page 98
• Assamese script on page 192

13. ETUKURA ALOXUWA MEGH BHANHI JAI
A Piece of Fluffy Cloud Hovers Above

A piece of fluffy cloud hovers above
My wild swan loses its course
I stand at the window of autumn
Waiting for someone close to my heart...

Dewdrops dangling from power lines
Whisper to each other 'Sweet Nothings'
A face centered in my mental orbit
Sprays a fistful of affection...

I am a forlorn soul in this city
Held captive by faithless love
Caught in a torrent of longing...

As blinking neon lights
Decorate the autumn night
My message of love drips with sweetness...
Let the playful clouds carry it to my sweetheart...

Shillong, 1969 • English word approximations on page 99
• Assamese script on page 193

14. JIBON GHORIR PROTITU POL
Dissolving Seconds...

A lonesome ant rests quietly
On the dissolving seconds of my life's clock...

As blood corpuscles recede in the veins,
I am kept company by nibbling germs...

Melody of nothingness in delayed tempo;
A melancholic symphony screaming in pain...

My days are like homeless birds on the sea shore;
Daylight retreating behind the borders of darkness...

film: Kanch Ghar, 1975 • English word approximations on page 100
• Assamese script on page 194

15. JHOK JHOK RAIL SOLEY
Chug, chug...

Chug, chug, chugs along
Chugs along my train
Singing of parity
Whistling of harmony
Chugs along the train...

I am the Fireman,
Gripping firmly
The burning can of
Red hot coal
I fire up the gurgling boiler
While my body burns and boils...

I am the Signalman
I leave behind
The blind alley of exploitation...
My arms black with dust
I raise the banner of the changing times
Clearing the toxic fumes...

Drivers, Linesmen, Clerks and Laborers
Toiling days and sleepless nights
Burning rage and bloodshot eyes
Worn out, drained and tired
Our bellies raging fire...

Weaving dreams of human freedom
With mores of the machine-age
Who can shun this heavenly bond
Shoulder to shoulder, marching on
Pushed by the socialist storm...

My train chugs along...

Chicago, 1949 • English word approximations on page 101-102
• Assamese script on page 197

16. DOLA
THE PALANQUIN

The Dola! the Dola! the Dola! the Dola! ...
We trudge along the winding road
Carrying our feudal lords'
Dola, that is crushing our shoulders,
Our shoulders!
Our shoulders!
Our shoulders!
Our shoulders!
We're resigned to this life of toil,
That breaks our body, breaks our soul,
A life of killing hardship, grinding labor, oh labor!
Carry on, carry on, carry on fellas ....
Carry on, carry on, carry on fellas ....
I can glimpse inside the palanquin,
Richly made of shining silk,
A turban that is finely embroidered;
A whisk made of pearly white
Deer's hair neatly tied,
Frequently fanning the passengers.
But, woe on me I couldn't
Give my poor little kid
In this Bihu an ordinary shirt,
My tears come cascading down.
But this cannot put me down!
I can still carry it on my shoulders,
Our shoulders! Our shoulders! Our shoulders!

continued on page 18

16. DOLA
THE PALANQUIN
(continued from page 17)

Carry on, carry on, carry on fellas ....
Carry on, carry on, carry on fellas ....
The burden of the ages lie heavy on our shoulders and our
Shoulders are about to get crushed (yeah, crushed)
His lordship and his kith and kin doze in the palanquin,
It is our sweat that is going waste (yeah, waste)
We are now climbing up
The hill with a towering peak,
Walk in tandem with utmost care.
The palanquin, if it slips
From our shoulders suddenly,
It is surely going all the way down,
The Dola of kings and crowns,
The big men's palanquin.
We trudge along the winding road,
Carrying our feudal lord's
Dola, that is crushing our shoulders.
The Dola! the Dola! the Dola! the Dola! ...
Carry on, carry on, carry on fellas ....
Carry on, carry on, carry on fellas ....

Guwahati, 1953 • English word approximations on page 103
• Assamese script on page 196

17. BIKHYUBDHO BISWO KONTHOI
FIREBALL

This unhappy world, in a single voice,
cries out day and night,
A furious fireball ascends to heaven and scorches the sky...

The world is not desirous for a day of catastrophe
No one is eager to see this world in a heap of ruins:
Still the flame burns, and rises high
As a furious fireball ascends to heaven and scorches the sky...

Everlasting commitment to
Ceaseless struggle shall
Deliver the final blow
To the brutal dispensation...

The far reaching effect of human progress,
The volcanic soul in each individual
Shall herald every morning a new awakening...

A furious fireball ascends to heaven
And scorches the sky...

Kolkata, 1969 • English word approximations on page 104
• Assamese script on page 197

18. HU HU DHUMUHA
Howling Storm

When the gale comes howling
And clouds darken the sky,
When the song of the rain goes on and on,
Stay with me, my love!

You are the sole companion,
In the yacht of my life
Elevating my spirit
With the warmth of your heart.
Even when you see
Terrifying whirlpools,
Stay with me, my love!

Childhood gone
I enter the teens.
Teen age gone
I become a man
Setting sails in turbulent youth
I find you now as a beacon of hope...

In the ocean of my future plans,
You had been a symbol of grit
Stay with me through the hard times,
Even in days of unbearable hardship...

Kolkata: 19th Aug, 1964 • English word approximations on page 105
• Assamese script on page 198

19. O THUNUKA KANCH GHOR
O Fragile Glass House

O fragile Glass House!
How long would you keep this restless bird
imprisoned in your shell?
That limitless sky tinted with passion awaits its footfall.

(I know that)
Life and death, on the opposite banks, are the two ports of call,
Where death, like Krishna, plays his flute every day to
    enthrall.
Then why do I create these lively portraits in my craving for
    life?
Why does the stream flowing in the mind still shimmer
    bright?

O Glass House!
I am but only a guest for the night, on a very brief sojourn,
In this state of calm and quiet the thought is swift and strong.
With chains of glass on the shore of life
The bird can't be held for long.

film: Kanchghor, 1975 • English word approximations on page 106
• Assamese script on page 199

20. NOTUN NIMATI NIYORORE NIXA
Dew Drenched Night

Fresh
Silent
Dew drenched night,
Life enriching
Moonlit night,
And this closeness...

The lotus of passion
Sways sensuously
In the shimmering pool
Of my turbulent youth,
And the night
Satiated subdued...

No wealth,
No beauty
I possess no sterling quality
Yet, I offer
My misty eyed love...

My heart
Filled to the brim,
With your sweet warmth
And you
Trembling
Stunned...

The night
Content and
Fulfilled...

21. GUM GUM GUM GUM
LET THE CLOUDS ROAR AND RUMBLE

Let the clouds roar and rumble,
Let storms threaten the sky,
Keep rowing your boat O comrades,
Keep rowing the boat of life...

Crocodiles lurk in the deep,
Even they, one day, have to die,
You have strength in your arms,
And courage of pachyderms
Abandon your fear and wavering,
O Comrades in arms...

Look at that frightening whirlpool
But why do you care?
The wrecking of the boat in the middle;
It is no big deal.
If the oars are broken into bits,
Use your powerful arms.
If the sails are torn into shreds,
Use your mighty chests.

Stop crying O comrades,
Keep that smile...

film: Era Bator Xur, 1956 • English word approximations on page 108
• Assamese script on page 201

22. MRITYU XABOTI
Embracing Death

Embracing death here I lie alone in my grave
Tell me what brings you now to hurt me once again...
How eagerly I pined for you even in my death bed
But you couldn't spare a single moment to visit me even once...
Someone came and wrapped my frame in a pristine white shroud
Others sprinkled holy water to sanctify my corpse...
Even then, I was sure, you were with someone else
While I was busy wasting time planting the tree of hope...
I've finally found my home in the lap of eternal peace
Now, why don't you stop tormenting me, why do you tease me still...
Since I've closed my book of life why don't you let me be,
This kiss of death freed my soul from love of things worldly...
Don't tease me now, with that smile, with your faithless love,
For, I cannot cross at this stage, this limitless river of death...

film: Chikmik Bijuli, 1969 • English word approximations on pages 109-110
• Assamese script on page 202

23. OY NILAJ PAHAR
O Barren Mountain

O Barren Mountain,
You've no shame!

You've failed in love;
Now, die in disgrace...

What did you want?
And what did you get...!

Oh, what a dream you had...!
A sweet murmuring stream
Singing dancing
Embracing you with love
Making you lush and green
But it all came to nothing...!

Aren't you humbled and vanquished,
O you shameless mountain?

What did you want?
And what did you get!

Oh, what a grandiose plan you had...!

That, you had a silver core
And a heart made of gold.
But the silver, yours no more;
The gold, to be dug out for sure;
And a mere handful of sand
You'll be left to pick!

Nothing you could find
Except your broken spine!

O Barren Mountain,
You've no shame;
Cry hoarse till your end!

film: Bonoriya Phool 1973 • English word approximations on pages 111
• Assamese script on page 203

24. PROTIDHWONI XUNU MOI
I Hear the Echo

I hear the echo!
I hear the echo!!
I hear the echo!!!

I hear the echo,
Of the screaming night
Carried over from the other side,
Of the mountain bordering my village.

I hear the echo!

I train my ears; but can't hear a thing.
I open my eyes wide; but can't see a thing.
I close my eyes and think; but do not understand.
I don't know how to climb a thousand mountains,
I hear the echo of the screaming night.

I hear the echo!

May be it is the tragic story of a young girl,
May be it is grandma's bedtime fairy tale,
May be it is the heart ache of a bed of fresh seedlings.

continued on page 27

24. PROTIDHWONI XUNU MOI
I HEAR THE ECHO
continued from page 26

The tragic saga of the young girl has come to an end.
The bed time fairy tale of grandma has come to an end.
The heart ache of the bed of seedlings has come to an end.
The familiar song somehow escapes me,
I hear the echo of the new cry.

I hear the echo!

My dark hair gets tinted with morning's red hues.
The panicky mist before the eyes vanishes into the blue.
A thousand cries come out of a people awakened,
A thousand mountains crumble in the impact of its sound.

I hear an approaching storm in the sea of humanity,
I hear the echo of the new cry.

I hear the echo!!!

Guwahati: 1953 • English word approximations on pages 112-113
• Assamese script on page 204

This song was written on the aftermath of the Chinese Revolution. But certain changes were made after the Sino Indian conflict in 1962. The song above is the revised version.

25. MANUHE MANUHOR
IF MAN WON'T CARE FOR MAN

If Man won't think about his fellow man
With a little bit of sympathetic concern
Just who will, tell me my friend

Man selling his fellow man
Man buying his fellow kind
Replays the past all over again
Won't it be a terrible shame
Tell me, my friend....

If a man without his strength to survive
Crosses the river of life
Depending on your kind helping hand
What are you going to lose if he does?
Tell me, my friend....

If man won't act like a human being
Is the Devil going to act like a human being?
If the Devil one day turns into man
Who is going to be embarrassed?

Kolkata: 1960 • English word approximations on page 114
• Assamese script on page 205

26. JONAKI PORUWA
FIREFLIES

By the light of fireflies
By the light of fireflies
Pratibha Barua
Walks alone in her life
Cutious steps, shy and slow,
Now she stops, now she goes,
Like a doe, I don't know why,
She comes to a halt...

Who is that Diganta
Popping up in her path
He embraces Pratibha
With passion and love
Like a flower
She withers away...

Pratibha Barua
Will never look our way
Let's go home O my friends
Let's call it a day
By the light of fireflies
By the light of fireflies
Diganta Pratibha
Walk away happily...

Location: Kolkata, 1977• English word approximations on page 115
• Assamese script on page 206

27. KOTO JUWANOR MRITYU HOLE
Oh, So Many are Dead...

Oh, so many have lost their lives;
The flower of the nation's youth.
Invincible was this death;
Why didn't I die too?

"The Himalayas are our vanguard"
Long ago so I had heard,
But the fallen soldiers cry
For an army, ever alert...

At the frontiers I had seen
The brutality of the foe,
To the thousand silent dead
I offer my tearful bow...

The fathers have lost their sons
The mothers, the apples of their eyes,
The wives, their vermillion marks
Others, their hearts' desires...

Every soldier, a drop of blood,
An ocean of brave hearts
These mighty tidal waves
Take a solemn victory pledge...

At the frontiers I had seen
The brutality of the foe,
To the thousand silent dead
I offer my tearful bow....

Bomdila, near the Indo-Chinese border, 1962
- English word approximations on pages 116-117
- Assamese script on page 207

28. CHITRALEKHA
THE LADY WITH THE BRUSH

Chitralekha, Chitralekha
I'd love to see your creation,
Would you draw a picture of a thinker
In contemplation...

White is the color of public life
Blue is the color of the mind
Arrange both the pots
Mix blue with white
Now my lady please
Pick up your brush

Draw with careful lines
The deep, far-sighted eyes
Tomorrow promises of
A marvelous sunrise
A heart keenly aware
Of the limits of the endless sky
Where a million would readily find
The purpose of their lives...

Now my lady, please,
Pick up your paint brush...

Kolkata, 1968 • English word approximations on page 118
• Assamese script on page 208

29. EITIBA KON ULALE
Look, Who's Here

Look, who's here,
The lion disappears,
The tailless fox
On his way to the court.

Like a comet he appears,
(While) the Sun disappears,
The saintly cat
On his way to the church.

Donkeys deserve only a donkey as their king,
The king jettisons justice and dies of sheer greed.

A crow bedecked with diamonds,
With its beak adorned in gold,
Would it turn into a Royal Swan?

If all people become rulers, who will be the king?
Who is that wicked traitor betraying his own?
The blood sucking leech, can he ever be a saint?

film: Moniram Dewan, 1963 • English word approximations on page 119
• Assamese script on page 209

30. XUWORONI KUWOLIYE
Misty Memories

From the depths of the timeless past,
Memories scream through the mist.
I see before me collapse,
Remnants of a decaying age
Making way for the fresh.

The steps I leave behind,
Erased by the ravages of time.
My body needlessly tires,
Searching for the forgotten song.

In quest of things unknown,
I've lost whatever I had owned.
Sitting in today's stream,
Immersed in a nostalgic dream,
I long for the day that is gone,
Yet my aspirations daily soar.

Guwahati, 1948 • English word approximations on page 120
• Assamese script on page 210

31. NEKANDIBA
Please Do Not Cry

Please do not cry!
Please do not cry!!
My darling bride,
Please do not cry!
Climbing mountains I will bring
For you the singing bird.

My father didn't teach me
To pilfer others' gold,
My mother didn't teach me
To embezzle public wealth.
To the Manor I wasn't born,
To give you costly gifts.
Climbing mountains I will bring
For you a living bird.

Had you married someone rich,
What a bounty you could've gained.
A treasure chest of jewels,
Rings and priceless gems.
To forget your hunger pangs,
You may watch me slay the villain
In an imaginary play.

My teacher didn't teach me
To steal rob, and kill.
My teacher did not teach me
To poison the stuff we eat.
If you'd rather love to hear,
I will play you the bamboo harp.
Please do not cry!

Golaghat, 1961 • English word approximations on page 121
• Assamese script on page 211

32. O BIDEXI BONDHU
O Friend From an Alien Shore

O' friend from an alien realm
Miserable one
Why do you walk today
A lonesome lane
I hear your painful wail...

Set out in search of love,
You missed your port
Trapped in a little whirlpool,
And lost your anchor...

You found a charming jasmine
Blooming in the eternal green
As you toyed and relished the fragrance
Someone else's it became ......

film: Chameli Memsa'b, 1975 • English word approximations on page 122
• Assamese script on page

33. XOMOYOR OGGROGOTIR
ON THE WINGED HORSE

On the winged horse
Of advancing time
I hunt for a new horizon
With a smile...

Wearing a luminous crown,
The day comes, the veena hums
With no despair, no regret
A dazzling flood of light,
Cheers up my trail...

With truth
As the guiding light,
The day dawns, and
The day departs;
With no hiatus, no respite
My airy spirit fears no walls.
Barriers, to me, are sweet windfalls...

As the gorgeous sun happily beckons
My mind and soul, freed of chains,
Dance with joy unbound.
My living tunes ring to bring,
A fresh new breed of songs...

Kolkata, 1968 • English word approximations on page 123
• Assamese script on page 213

34. ANOR KARONE JIBON XOLITA
How Long Will Your Life's Candle...

How long will your life's candle
Keep burning for others?
How long will it last?

How long will your golden heart
Keep bleeding for others?
How long will it last?

You never had any moment
To think for yourself;
I had reminded you
A hundred times...

Countless portraits
You paint
Each morn
With your blood;
Those portraits now
Celebrate your ruin...

How long will your heart's blood
Color others' lives?
How long will it last?

film: Chikmik Bijuli, 1969 • English word approximations on page 124
•Assamese script on page 214

35. POROHI PUWATE
The Morning Before

The morning before
Rongmon the Fisherman
Went a fishing
On his wobbly little boat...

Please don't go fishing!
Please don't go fishing!
Look, there is brewing a storm...
'O Rongmon, listen,
The river is swarming
With crocodiles
Thirsting for blood'...

As dusk set in
In mid stream
Rongmon could be seen no more...

Look in at heaven
Thumping her bosom
She gave out a heart piercing wail...

'Go, you waves, go away
Despite the night, find your way
Bring Rongmon safely back home'....

Embracing his lifeless frame
The kindly waves gently laid
Rongmon on the river bank...

Guwahati, 1954 • English word approximations on page 125
• Assamese script on page 215

36. PAHAR BHOYAMOR XONGOM THOLITE
Where The Valley Met The Hills

Where the valley met the hills,
I once had a friend.
Ah, those golden days
Bathed in sunshine…

How we played
From dawn to dusk,
The quiet hills
The murmuring streams,
The flute, we played together.
Ah, the sunny days
With droplets of gold
Raining from the sky…

The lengthening shadows of the towering trees,
The soft play of cloud and mist.
Suddenly, the air thickens with smell of gun powder,
The earth turns a crimson red
With countless dead
Ah those golden days
Where have they gone…

Under the sky,
Near the hill and the river,
Take up your flute once more!
Let us strive together
To bring those back,
The sun drenched golden days….

Kolkata, 1989 • English word approximations on page 126
• Assamese script on page 216

37. BHORIR TOLUWAR PORA
IF YOU FEEL THE GROUND DISAPPEARING

If you feel the ground disappearing
From beneath your feet
Your abode of love, for others' folly
Destroyed bit by bit
Build it once again, my friend,
Build it once again...

Deserted by your own,
If you find yourself alone
The honest sweat you shed for your folks
Brings you nothing but shame
Pull yourself up, my friend,
Rise up once again...

Peace, make her your loving consort
Patience, your dear father
Kindness, your sweet little sister
Mercy, the nurse who nurture
Hope, your ever comforting brother
Let Struggle be your mother...

If for lack of a proper bed,
You sleep under the sky
For want of decent clothes to wear
You put on the period's color
Do it with a smile, my friend,
Do it with a smile...

film: Dhormokai, 1977 • English word approximations on page 127
• Assamese script on page 217

38. MUKTIKAMI LOKHYOJONOR
CAN YOU HEAR THE MUTED CRY OF THE SILENT MILLIONS

Can you hear the muted cry of the silent millions longing for freedom...
Can you see the light of renewed courage spanning the horizon...

How much did you gain and how much did you lose
If you forgot to count, it matters but little
Here comes your time, the Day of Reckoning,
No reason to be scared, just speak the way you feel.
Morning lies concealed
In the bosom of the Darkest Hour,
Closed doors forever fear
The power of Free Air...

Each drop of the ocean now,
Has turned into a mighty tide
Overflowing the ocean shores
And everything in its path.
The fervent cry of hope
Echoing in every heart,
Has reached every corner
Of this limitless universe.

(continued on page 42)

38. MUKTIKAMI LOKHYOJONOR
Can You Hear the Muted Cry of the Silent Millions
(continued from page 41)

March ever onward,
As quickly as you can
Stop not for a second,
(There's) nothing thereby to gain.
Destroy with your might,
The destructive evil force
In this war for peace,
There is nothing, at all, to lose.

Morning lies concealed
In the bosom of the Darkest Hour,
Jackal the jailor forever fears
The peoples' lion like roar.

Can you hear the muted cry of the silent millions longing
 for freedom...
Can you see the light of renewed courage spanning
 the horizon...

Kolkata: 9th Sept, 1975 • English word approximations on page 128-129
• Assamese script on page 218

39. XOTIKAR ROOP KHEDU
I Pursue the Vision

I pursue the vision of the century,
In quest of a dream unknown,
My steps push forward.
My sight tires, and fades
In illusory darkness;
Yet, brighter glows the heart...

Like a bird, the mind flies off
In search of the horizon;
Shearing the cloak of mist,
The strength of the luminous age,
And the waves of the angry sea
Drive my chariot's wheels...

Droplets of shining verse,
Like diamonds well dispersed,
Light up the path I walk.
Surpassing the fear of death,
On life I hold my faith.
Along the crimson path,
My steps move forward...

New York: 1950 • English word approximations on page 130
• Assamese script on page 219

40. JIBONTORE KANDUNKHINI
The Tears, I Have Saved Only For Myself

The tears, I have saved only for myself.
The smiles, I have spread in this world.
O my friend, my dear listener,
Won't you take your share, however small...

I had cried so much in pursuit of happiness,
In the midst of misery, I could laugh.
A sea of tears and a little smile is all
There is, to this drama called life...

So I have spread all my joys in this world.
O my friend, my dear listener,
Won't you take your share, however small...

My friend, you might have faced
Nothing but abuse, and neglect.
That is why you must get,
A share out of my coffer of smiles....

I have dreamt of thousand smiles in a thousand faces,
Seeing their sadness, I have taken a pledge,
With tons of smiles and a few tears
I too will set up, my own funfair.
So I have spread all my joys in this world.
O my friend, my dear listener,
Won't you take your share, however small...

Kolkata: 15th August, 1964 • English word approximations on page 131
• Assamese script on page 220

41. KOHUWA BON
KANS GRASS

My restless mind is like the swaying kans grass,
Embrace it tenderly, with your gentle hands.
Each moment in life, is like a precious pearl,
If lost in vain, will never be found again.

A Little twinkling star from the blue sky,
Descends to the earth to embrace it with love
In the pitch black darkness of the hushed silent night.
Each moment in life, is like a solemn pledge,
If it goes to waste, it will never come back.

Last night, in my sleep, I had a late-night dream,
But that special moment, I kind of missed.
The lively clamor of the timeless sea,
It woke me up from my nice peaceful sleep.
O my wild untamed mind, why are you impatient?
Tomorrow's sun will herald a new dawn!

film: Puwoti Nixar Xopun: 1959 • English word approximations on page 132
• Assamese script on page 221

42. TUMIYE MOR

You: Doe-Eyed Beauty of My Dreams

You are the doe eyed beauty of my dreams
You are the image embellishing my being
You stir the modulations in my melody

You know or you don't?
You know or you don't?

You are the temple of courage in life's battle zone
You are the consoling voice when all is lost

You know or you don't?
You know or you don't?

You are the verdant soul in the heart of the wild
The beauty that emanates from your smile
The radiant sun in the Eastern sky
Without your light, all dreams are destined to die

You know or you don't?
You know or you don't?

Kokata: 1958 • English word approximations on page 133
• Assamese script on page 222

43. XONGRAMO LOGNE AJI
IN THIS MOMENT OF STRUGGLE

Come ye brave knights
Leave aside thy fears
Destroy the evildoers
In this blessed hour
Of freedom's war

Swear ye by the fire, that
The devils, thou shall kill and
Oust the evil brutes, so that
Justice firmly rules
Go ye down on knees
To touch thy mother's feet

Oh my golden land
Crieth thou not in vain
Endless days and nights
Thy children feel thy pain
This country they'll make

An abode of happy men
A home free from pain
Crieth thou not in vain
In beauty and in rank
O mother thou art great
Crieth thou not in vain
O our mother dear
Thou need have no fear no fear
For the fearsome demons
Our blades are sharply trained
For the serpents fangs
We have our secret charms

In our eyes fire rains
The battleground is aflame
The battleground is aflame

film: Moniram Dewan, 1963 • English word approximations on page 134
• Assamese script on page 223

44. MOI JEN AJIBON
Wandering Bee

All my life I had been a wandering bee,
For my tired wings I couldn't find a suitable tree.
Seeing a resting bee I would often think,
Why there is never a home for me...

I had relished ample honey from noble blooms,
Wild flowers bared their wealth of juice
Often I had gathered bitter tasting sap
But the nectar of your beauty is matchless...

I admit that I am a wandering bee,
But do I not have any right to relax...
If I make your tree my home,
Why should others be unduly upset...

Remember what you had promised me once,
That you will be my final address
But it remained merely an elusive dream...

Now, Spraying my honey all over the earth
Flying into the light, I will merge...

Kolkata: 1975 • English word approximations on page 135
• Assamese script on page 224

45. MOI JETIYA
WHEN I LEAVE THIS WORLD

Freeing myself from the love of this world,
when I bid good bye,
Would you come to my funeral pyre, and stand by my side
Memorials I do not seek, nor showering of false praise
A drop of tears from your eyes shall be my prize...

Singing for the world, I had forgotten you, my love!
That it why I had lost you, in the prime of my life
That folly still haunts me; I've lost my inner peace
A drop of tears from your eyes shall be my prize...

Pondering over the stories of my journey through life,
I find, in your love which I had lost, was my Paradise!
That Paradise now I seek, in the depth of your heart,
A drop of tears from your eyes shall be my prize...

Kolkata: 9th Feb, 1978 • English word approximations on page 136
• Assamese script on page 225

46. O XUR KHELIMELI HOLE
WHERE HAS THE COWHERD GONE?

Haywire goes my song
Where has the cowherd gone?
Oh, where has the cowherd gone?

The cowherd who loved open space and
Possessed an open mind;
Where has he gone?
The song of love pouring from the heart
Reverberates within
Where has the cowherd gone?
Oh, where has the cowherd gone?

Move your three fingers
Let the flute sing...

Who has lured away
The charming youth
 Who had charmed the world?
Haywire goes my song
Where has the cowherd gone?

The open melody of
Conjugal bliss
Has broken into pieces
My life went all wrong
Oh, my life went all wrong...

Moscow, 1955 • English word approximations on page 137
• Assamese script on page 226

47. JAGROTO MANUHOR SA
Shadows of Man Awakened

Why mere shadows of awakened men scare you
day and night

Why pursue rainbows behind misty masks decorating
the fragile sky...

A living heaven, painted fresh, takes birth, here on earth
You will see many by the wayside,

Do not lose your heart...

See how the scorched earth is moistened by the fresh
monsoon

Embrace with love, the swaying saplings of the
exciting new age...

Moscow, 1955 • English word approximations on page 138
• Assamese script on page 227

48. BIMURTTO MOR NIXATI
This Formless Night

This formless night of mine
Is a blue shawl
Woven with threads of silence.
In one of its sweet folds dwell
The touch of her burning breath
And expression of living warmth
A blue shawl...
In the bottomless pit
Of blood red passion
The monsoon of mute love
Pours down nonstop
Like the months of rain.
An inaudible echo of her sweet voice
Drops quietly as foreseen
And pairs of unsoiled tender lips
Quivering
Anticipating.
It is the rule of breaking rules
Of the path following rules
Gentle thrust and counter thrust
A nocturnal drama in blue.
A fervent cry from a distant port
On the river of rapturous scream
I bother not, as I find
An embrace ocean deep.
In one of its sweet folds dwell
The touch of her burning breath
And expression of living warmth.

Kolkata: 1971 • English word approximations on page 139
• Assamese script on page 228

49. XOBDO ARU XUROR PRITHIBIT
IN THE WORLD OF SOUND AND MUSIC

In the world of sound and music
I've played with various expressions
Through periods of agony and ecstasy
Probing the meaning of truth
With life's inner perceptions…

I stay ahead of time
With strong self convictions
An extraordinary life I desire
In the midst of ordinary existence…

My lyrics effortlessly flow
With tunes from the fertile soil
I desire an open sky and a free world
Where the sea waves freely roll…

The world is now gravely sick
All around I can see only conflicts
Let us all sing the song of peace
With a flood of light that enriches lives…

Mumbai: 6th March, 2003 • English word approximations on page 140
• Assamese script on page 229

50. DIHINGE DIPANGE AJIBON GHURILU
I Had Wandered Afar

Clutching my lyre
I had wandered afar
Playing the theme of life.
I pause and find
At the turn of the age
That no arch stands before death...

Life dissolves
Death dissolves
Man, now here
Now gone...
Philosophy of life
Lose its meaning
Here man devours man...

The new century beckons at the gates
Only a few seconds remain
But this land is drowned in a sea of vice
No blade of grass to clutch on...

Oh my beloved land
Here man devours man
Before death no arch stands...

- English word approximations on page 141
- Assamese script on page 230

51. AKAX XABOTI
HUGGING THE SKY

Hugging the sky
I descend to the sea
Carrying a volcano
In my breast...

Embraced by
A rain of words
A timeless Whistle
In my voice...

Throwing open
My coffer of life
I dart across the earth
With an endless thirst...

I kept no track
Of tears and smiles
All are now
Memory streams...

O my beloved
Analyzers
I had swamped you always
In a deluge of love...

I see you now
In this evening light
A passionate audience of my
Saga of life...

Guwahati, 11th March, 2007 • English word approximations on page 142
• Assamese script on page 231

52. AJI JIBON BUTOLIBI
Reclaim Your Life

Today you will reclaim your life, come out with your smile
Today you will forget about death, come out with your smile
Bring your happy flute, and bring your magic smile
To the borders of a new age, come out with a smile...

The bird in your mind's cage, come on, set it free
The cob webs of this accursed age, why they make you weep
Break down the door, and step on outside
Towards the frontiers of a bright age, come on, you will fly...

No column of loss in the balance sheet of time
How lovely is the yield, o you freeman!
How much can you save by withholding your hand
With the balance that you have, how much more you want...

Today why don't you give away whatever you have saved
Towards the new creed of giving, come out with a smile.
Towards the borders of a new age, come out with a smile.
Towards the frontiers of a bright age, come out with a smile....

Kolkata, 1970 • English word approximations on page 143
• Assamese script on page 232

53. MOR GEETOR
O Thousand Listeners

Greetings!

O thousand listeners of my songs,
In this soiree of music
You are the prime attraction...

I try to make you happy
And bring smiles to your lips.
I try to feel your sorrows
And share your moments of grief
At times when you are angry,
My songs too turn livid...
On behalf of many, I offer you
This bouquet of songs,
That made my life so enriched!

If I err in my art you are worried,
You burnish me with the fire of your ire...

After a handful of shows as a child,
You had placed me in your heart.
Encouraged by your generous praise
I am still singing at the prime of my age.
I am your discovery o listeners,
I am your presentation...

In this soiree of music
You are the prime attraction...

Kolkata, 1973 • English word approximations on page 144
• Assamese script on page 233

54. APARUPA... APARUPA
PRETTY WOMAN

Aparupa... Aparupa
You are a point infinite
In the limitless void
Of the azure sky...

You are free, free at last
Don't you realise ...

By breaking the cage of the spider's web
you've lifted the gloom off your heart
(But) why do you wish now to become a bird
Why do you wish to escape...

Haven't you tasted the honey-sweetness of this earth...

The chariot of life
(Now) firm in your grip
You can break
You can build
The road lies at your feet...
No, you haven't lost your logic...

Aparupa Aparupa...

film: Aparupa, 1982 • English word approximations on page 145
• Assamese script on page 234

55. O TOI OBUJ MON
O My Unreasonable Heart

O my unreasonable heart
You never knew the way of love...
Stray not into a blind alley
Searching for the true path...

Love needs two people
Two people with a single soul
Humming a single tune
One's emptiness filled by the other
Don't you remember at all...

In the garden of passionate youth
You had tended a seed to bloom;
But with utter carelessness,
You led it to its doom!

Arrogance and ego have
No place in the realm of love
Burning in the suicidal fire
Both needlessly live apart:
You haven't even given it a thought...

O my unreasonable heart
You never knew the way of love...

Kolkata, April 1990 • English word approximations on page 146
• Assamese script on page 235

56. E... NOROMONIS....
O Man

O man
Forgetting your worldly love
You must one day depart
With tearful eyes...

All your precious gold
Shall turn into rusty scrap
There'll be none to accept
Heaps of useless trash
All your wanderings shall prove futile...

Know the shopkeeper
Know the salesman
Know the loving one
Whom you would call your own
The one who would know
The worth of every man...

The market is coming to a close
My friend...

With feverish anticipation
You wiped the floor clean
Poured the blissful drinks
And arranged the elevated seats...

But the rodents came crawling
All over the shining floor
Poisoning the libations
And ruining the regal seats...

Searching for shining pearls
You dived into an imaginary ocean
Swimming to exhaustion...

There is no trace of pearl
Nor a drop to drink
There are only chains
Of an elusive dream...

film: Dhumuha, 1957 • English word approximations on page 147 • Assamese script on page 236

57. MOI ETI JAJABOR
I'M A GLOBETROTTING ROVER

I'm a rambling wanderer
I'm a rambling wanderer
From one end to another
Scurrying across the earth
I never hunt for a home…

Along the Luit and the Mississippi
I savor the Volga's beauty
Via Ottawa and Austria
I embrace Paris the city
Ellora's antique hues, to Chicago I carry
In the minarets of Dushanbe, I can hear Ghalib's poetry
Kneeling at the grave of Mark Twain, I speak about Gorky
I am often befriended by people whom I meet in the road…
That's why I rove…

Nomads have no destination, but I have made a pledge
Wherever I find joy, all around I'll happily spread…

I have seen rows of high-rise proudly kiss the sky
Right under their shadows the homeless live and die
Scores of houses I've seen with gardens in their fronts
Also I've seen pretty petals prematurely wilt and fall

Fratricidal fires engulfing nations unsettle me to the core
When I see many of my friends turning strangers at home
That's why I'm a rolling stone…

Kolkata: 1968 • English word approximations on page 148
• Assamese script on page 237

58. AKAXI JANERE
Flying on an Airplane

At the break of dawn
With a cheerful mind
I'm on an airplane...

I'm leaving west,
Leaving Bengal,
Here I'm airborne...

My destination is Tezpur
My destination is Tezpur
I'm on an airplane...

Slowly Leaving terra firma
Among the clouds I swim
My mind turns into an airplane
Weaving a fanciful dream
A sweet voice beckons me home
With an enchanting familiar tune
My destination is Tezpur
I'm on an airplane...

Padma, O Padma
Where art thou?
But we wouldn't be flying over you
Suddenly, Gaurishankar burst into view
The morning light kissing the snow capped peaks
Our plane flies past Kanchenjunga...

continued on page 63

58. AKAXI JANERE
FLYING ON AN AIRPLANE
continued from page 62

But when do I get to hear the familiar tune
My destination is Tezpur
I'm on an airplane...

Below I can see the Garo Hills
An undulating sea of green trees
A little ahead, a little descent

A friendly spectacle greets my sight...

A dazzling beauty, a fairy city
The city of Guwahati
Pragjyotishpur of yore
The ancient Light of the East

Spreading its brilliance from the past
But my destination is Tezpur
But my destination is Tezpur
I'm on an airplane...

A wavy shawl spread on the sand
It is the Brahmaputra basking in the Sun...

Let us have a picnic
Let us sing a song
My mind finds bliss with the thought...

continued on page 64

58. AKAXI JANERE
FLYING ON AN AIRPLANE
continued from page 63

But my destination is Tezpur
But my destination is Tezpur
I'm on an airplane...

The tea gardens slowly come into view
The lovely sight of a pair of birds perched on bamboo
Where is Agnigarh
Where is the city of my dear Uxa
Are we there....

This magical airplane
Becomes Chitralekha
The mythical lady in waiting
Flying me to the city of princess Uxa
And I am prince Aniruddha
I'll unlock the sealed gates with my magic charm
I am prince charming of Jyoti's romance

There, the freshly bathed beauty of the princess
Awaits me with her tresses
Spreading out like the monsoon clouds
I'll make off with her without doubt
My plane reaches Tezpur...

With a cheerful mind
On an airplane
I have reached my beloved Tezpur...

Tezpur: 1963, 31st Dec (as per Pravin Hazarika) On flight from Kolkata to Tezpur
- English word approximations on pages 149-151
- Assamese script on page 238-239

59. XUWORONI MOR
MEMORIES

Memories of a flamboyant life
Where all the colors have fled
A beautiful past
Buried alive
In the dark amnesic grave...

Mind losing its bearing
Words in flight to nowhere
Soaring beyond the pale
Never to return...

The galaxy comes crashing
Setting the sky ablaze
The mournful sun
Silently shedding
Tear drops of fire
A beautiful past
Buried alive
In the dark amnesic grave...

How feverishly have I longed
For the days lost in void
Sinking in the river of gloom
Losing my breath, I wonder now
Where all the songs have gone...

film: Puwoti Nixar Xopun, 1959 • English word approximations on page 152
• Assamese script on page 240

60. POTROLEKHA
WRITER OF LOVE LETTERS

O you, the sweet scribbler of tender words
Why do you write no more
Whether my humble address of old
Has abandoned your shore...

Or perhaps in secret you share
Your feelings with someone special
Where I have no claim anymore
Or that my humble address of old
You remember no more...

Seasons have fleeted past
But I too have failed to write
The many unwritten letters
Nurtured within the heart
An unpardonable act of sin
Deserving your indignation ...

My plays, my paintings
My poetry, my songs
Speak of where I belong
But you've not bothered to find
Or perhaps you simply don't care...

Patrolekha,
Today if you ask
Where lies my home, my hearth
My response will only be silence
Like the restless Beduin
Lost in the sands of Sahara
I have no address ..

Kolkata, February, 1968 • English word approximations on page 153-154
• Assamese script on page 241

61. OTITOR BURONJI LIKHOKE LIKHISIL
CHRONICLERS OF THE BYGONE AGE WROTE ABOUT KINGS

Chroniclers of the bygone age wrote about kings

The modern historian writes about freedom of man

Fallaheen by the Nile, in his melancholy style,

Sings about the Egyptian farmers plight

In a cotton field by the Mississippi

John sings about the color of his skin...

In a village graveyard by the Luit

Rongmon cries day and night

About the river of change that runs

Inside the human heart ...

Casting aside the burden of the feudal past

With courage spawned by the truth of the times

I'm going to write about freedom of man

By the River Nile, Cairo, 1952 • English word approximations on page 155 • Assamese script on page 242

62. EI PRITHIVI EK KRIRANGON...
This World is an Amphitheatre

This world is an amphitheatre
Sports, the arena of peace

This world is an amphitheatre
Youth in its luminous glory
Casting aside all sluggishness
Celebrates the dynamics of living

In separation we do not believe
We believe in integrity
A Sportsman never dreams alone
He always thinks for the team

It's not merely about fun and games
Not solely about competition
Sports build the national strength
Based on healthy cooperation

Where decadence rules the world
And values continue to erode
The disciplined men of sports
Like an undying luminous source
Defend the threatened shores...

Tezpur 20th December, 1995 • English word approximations on page 154 • Assamese script on page 243

63. EI PANI
THIS DELUGE...

Water in the North... ... ...
Insufferable, unbearable
Not for the parched throat...

Neither is it a tearful appeal
From the heart of the scorched earth
It is...
The song of sorrow,
The angel of terror,
The harbinger of death...

It snatches the child from the mother's breast,
The farmer from his precious field
To be reckoned among the dead...

Water in the North... ... ...

It makes light of human skills
Habitations brought to their heels
This cataclysmic deluge is
 The dreadful howl
The gruesome dance of death...

Water in the North... ... ...

Guwahati. 31st May, 1990 • English word approximations on page 157
• Assamese script on page 244

64. PROTHOM NOHOI DWITIYO NOHOI...
Neither First nor Second

Neither First nor Second
We travel Third Class
Cramped in a railway coach
We call life...

On and off
The engine cries
Our pain of loss
Like sparks fly
This fire in turn
Gives the thrust...

We carry along some heavy baggage
Of pain and suffering through the ages
Our tears turn into boiling steam
This steam gives the train its speed...

All you Third class passengers come along
Together we shall greet the dawn
And reach our final destination...

Kolkata: July 1963 • English word approximations on page 158-9
• Assamese script on page 245

65. XURJYO UDOI JODI

SUNRISE

When Sunrise was our chosen dream
Why do we chase the setting Sun
While we pine for a refreshing rain
Why pursue these rainless days…

Fathers' eyes burn in grief
Grandma swallows her mute tears
In their quest for lawful rights
People willfully extend their necks…

What did we hope for and what did we get
Our calculation all went off the mark
Illusions of prosperity all but gone
An uneasy silence grips the world
The clock has come to a standstill
Why pursue these rainless days…

Hazy ideas of peace went vanishing
Deep in the womb of primitive caves
Suicidal wounds inflicted with
Subconscious screams…

Many years have since passed
Of rainless days and decadent love
The roots of the banyan tree
And the young sprouts in the nursery
You fertilize with human blood…

May the stream of blood throbbing in the heart
Turn into dark monsoon clouds
May the lifeless eyes of my dead brother
Become a colorful Krishnachura tree
Let a cool stream of peace and serenity
Pass through individual and society

Let us not fritter away the priceless time…

Mumbai: 16th June: 1997 • English word approximations on page 160-161
• Assamese script on page 246

66. XOROTOR XEWALI
Autumn Jasmine

Autumn...

Virgin dewdrops
cling to night jasmines
a landscape in white...
The flock of whistling teals
a white banner against the breeze
a song free like the wind...

Flashes of life reflected in dewdrops
wherein I catch visions of hope
Searching for vastness in the minuscule
I find the sea in a point in space...

Why gather the fallen leaves
Why welcome this emptiness
For how long should I endure the limits
Set by the borders of freedom...

The beauty of the enchanting sky
The softness of the fresh blooms
The Kans grass dancing in the wind.

Guwahati, 1963 • English word approximations on page 162 • Assamese script on page 247

67. ZINDABAD MANDELA
Long Live Mandela

Long live Mandela...
Mandela, long live...
Long live Mandela...
Mandela, long live...

Breaching the prison walls
You stepped out
Like a blazing Sun
After twenty seven years n' seven months
With renewed vigor and refreshed mind
A strapping young man...

Long live Mandela...
Mandela, long live...

The worn out walls of Apartheid
Pulled down with a hammering blitz
Pointing to the open sky
Your stubborn iron fist
Mandela, long live...

Unchaining the Blacks
Was the reason of your existence
You had embraced shackles for life
Refusing to compromise...

The parity seeking thousands
Interned in countless prisons
You freed 'em all
Bringing down the walls

Long live Mandela...
Mandela, long live...

Kolkata: 1990 • English word approximations on page 164-165
• Assamese script on page 248

At the initiative of Dr. Bhupen Hazarika Literary and Cultural Forum (BHLCF)
"Zindabad Mandela" has been archived at 'Nelson Mandela Centre of Memory'
with accession number NMAP 2013/002

68. BHANG BHANG BHANG
BREAK BREAK BREAK

Bang
Bang
Hit them hard,
O' crusher of stones…

Your sweat drenched naked skin
Burns in the scorching Sun
The red hot crimson earth
Singe your tender feet
Yet, you remain unsung…

The ancient black granite
Touching the sky with pride
Laugh at the little men
Testing its rocky might
Thinking they wouldn't dare
Raise their little hands…

Dig up the dead-dry earth
With your able hands
Build a crimson path
With pieces of broken stones…
Over the road you build,
Cultures and civilizations advance…

You write history in stones

Guwahati: 1953 • English word approximations on page 166-167
• Assamese script on page 249

69. TUMI BIYAR NIXAR
IN THE NUPTIAL NIGHT

You are the nocturnal Rajanigandha
Adorning the nuptial bed
Prized for a single night..

...

But, in the morning next,
You are a burden
On the night-worn crumpled bed...

...

You bloomed with a beautiful dream
To fill in the lifeless room
With your lovely scent...
So why do you cry now
Being rudely plucked,
By the gardener's heartless hands...

...

The virgin maidens make
The floral-bed
With your aid
To be tenderly touched
By the newly weds...
But, at the break of dawn,
When the room is swept
You leave unsung, unwept...

Kolkata, 1st August, 1978 • English word approximations on page 168
• Assamese script on page 250

70. MODARORE PHUL
MODAR FLOWER

A Modar bloom has no room in Puja rituals
The flower has no takers in a popular assemblage

Wanted, only to paint the spring red
Wanted, only to set the sky ablaze...

Someone compared me with the flower of Modar
Men like us, he said, are good for nothing losers

Good only to spread some colour
Good only to set the sky afire

Paan leaves climbing on Modar trees are relished
    by all
Resolve of the climbing Paan receives wide
    applause
Pests leaning on others like the Paan climbing up
    the Modar
Are considered men of honour
One who pours heart's blood over thorns of the
    Modar
Are respected and revered

(continued on page 77)

70. **MODARORE PHUL**
    MODAR FLOWER
    (continued from page 76)

   This spring, I would sing in praise of the man
   Who wanted to see Modars' flame
   If the poor are like the red Modar
   Every hand carrying its burning flare
   The sky would be bathed in a flood of light
   To destroy the darkness of the night

   Modar is not wanted- whose Puja is that
   We are not going there, such Pujas are bad
   Where they use paper flowers carrying no smell
   Where people come, and put their humanity on sale
   Where human flesh is bought in Kgs and pounds
   After buying they apply a dash of rose perfumes
   Where poisoned lies abound in plenty
   But a common man's life is not the cup of tea

   Spread for them the beds of thorns
   To make them real man
   Burnt in Modar's flame

   Someone compared me with the flower of Modar
   Men like us, he said, are good for nothing losers…

Kolkata, 3rd April,1968 • English word approximations on page 169
• Assamese script on page

71. TOMAR UXAH
YOUR BREATH

Your breath, as soft as the gentle Kans Grass
Your smile, as sweet as Jasmine
It is as if my heart is bewitched
By the sweet strains of a mysterious flute
And my lady love during autumn and her slender waist...
.....
Sprawling on a bed of Jasmine
We counted the whistling teals
Passing behind the clouds
Suddenly, a pair of ducks come down to greet us
...
Music of the dewdrops on the fallen leaves
That smear mischief on our lips and cheeks...
....
Suddenly I burst into a song of love
That sent my sweetheart into raptures
A petite wag tail on the sand
Teases us with its impish ballet...
...

October, 1972 • English word approximations on page 171
• Assamese script on page 252

72. NELAGE XOMAJ
WE DON'T NEED THE WORLD

We do not need the world, or a clock that shows the time
Let the clock take a break making us witnesses
I will grab the evening rainbow and break it into pieces
Shower it over your body; spread it over your bed
A tuft of hair from the front locks of lightning, an invisible
    thread of love
We will tie it around our bodies, heavens too would respond

The stories of social obstructions
We'll shred into thousand pieces
And throw those away into the darkness

I am the breath of the storm
You are the waves of the sea
Let there be no morning
To this night without sleep

Kolkata, 1st September, 1964 • English word approximations on page 172
• Assamese script on page 253

73. LIENGMAKAW
Liengmakaw

Liengmakaw...
On which deserted hilltop
Thou await my footfall...
The music turned silent in my abode of solitude
As my incessant weeping pierced
The heart of the night
You must be wondering....
Flowing tresses
Dyed in extracts of pine leaves...
Listen to that cheerful note
Of the bamboo flute...
O sky, have you seen my beloved...
Her jainsem woven with flashes of lightning
Her scarlet lips ...painted with honey
Have you noticed...
Virgin dewdrops
Your whistling notes
Please accept my
Salutations
The tint of softness you gave
to the gentle curves
of my lady love !
Liengmakaw.....!

Film: Pratidhwani, Shillong, 1964 • English word approximations on page 173 • Assamese script on page 253

74. JAH JAAGOI
GO GO AWAY

Fly away departed days,
Trouble me no more
O songs, sung many seasons past
Please stop stoking ancient flames

Sweet reminiscences
Abandoned words
A familiar visage faded now
Washed away by faithless time

Why need I tread on the soft grass
Of a meadow left miles behind
Why wouldn't I let the monsoon clouds
Cover the traces of crimson hopes
I have no desire to treasure those any more...

The torturous hollow night
Just wouldn't pass
Fresh dreams I embrace now
Discarding the jaded tunes...

Location and date, unknown • English word approximations on page 175
• Assamese script on page 254

75. ETI KUNHI DUTI PAAT ROTONPUR BAGISAT
TWO LEAVES AND A BUD IN ROTONPUR

In the tea garden
With flourishing hands
Who has plucked
The 'Two leaves and a bud'

Merrily blowing
Petals in air
The garden lass
With jet black hair
Heartily laughs

The song and dance
On their wedding day
Rocked the garden
Creating waves

As a proof of love
In their hearts
A baby came
Into their lives

One leaf was Jugnu
The other was Lashmi
Their child, the single bud
Now tired and sleepy

continued on page 83

75. ETI KUNHI DUTI PAAT ROTONPUR BAGISAT
    TWO LEAVES AND A BUD IN ROTONPUR
    continued from page 82

One day, to the garden,
Came a demon
To pluck the leaves
And the bud
Before their time

With the leaves in trouble
The child's future seemed bleak
The demon chuckled
With a heartless glee

Beating his drum
With powerful hands
The brown tanned man
Wildly dances
A thousand readily joins

A thousand drums
Started to beat
Witnessing the storm
The demon fled

Guwahati, 1955 • English word approximations on pages 170-171
• Assamese script on page 256

76. BUKU HOM HOM KORE
THE HEART BURNS AND BLEEDS

This heart burns and bleeds, O mother!
Who robs my sleep, O mother?
How can this son deliver you?
Mother, wish to die for you!

Behind eternal gloom,
Hides my country's moon.
Sparks of demonic fire
Burns in every pore...

The walls encircling you, mother,
Are firm and strong.
(But) I will breach those
In no time at all!

I'll console thee,
With a morning that is free!
I'll offer in thy altar,
My blood, if need be!

film: Moniram Dewan. Kolkata, 1963
• English word approximations on page 177
• Assamese script on page 258

The following pages of English word approximations of Assamese words for the 76 songs in *Winged Horse* were kindly generated by our editor Syeda Jebeen Sabira Shah. They were included in this book by special request from the publisher. Syed Ahmed Shah's translations have been supplemented with approximations in order to enhance the reader's exposure to written and spoken Assamese through '*Xudhakontho*', Dr. Bhupen Hazarika's phrasings and voice. It should be mentioned here that Assamese is a SOV language, as opposed to English, which is SVO. [S=Subject, O=Object, V=Verb]. As well, unlike most North Indian languages, Assamese substitute for some 'S' sounds are spelt here with an 'X' but sound like a glottal fricative, like 'sunder' in Hindi is prounced a glottal 'hundor' in Assamese, as if expectorating.

1
XAGOR XONGOMOT
AT THE CONFLUENCE OF THE SEAS

Xagor xongomot kotona xaturilu   < xagor=sea   xongom=meeting place;
    kotona xaturilu=how many times=xaturilu swum >
Tothapito howa nai klanto   < tothapito=still   howa nai = have not become
    klanto=tired >
Tothapi monor mor proxanto xagoror   < tothapi=nevertheless   monor=heart-mind
    more=mine   proxanto=peaceful   xagor=ocean >
Urmimala oxanto   < urmimala=cycle of waves   okhanto=restive >
Monor proxanto xagoror bokhyot   < monor=mind   proxanto=peaceful
    bokhyo=breast, heart >
Juwaror nai aji onto   < jowar=tide   nai=no   aji=today   onto=end of >
Ojoshro lohore nobo nobo gotire   < ojoshro=limitless   lohor=waves
    nobo gotire new movement >
Ani diye axa ofuronto   < ani diye brings=gives   axa=hope   ofuronto=never ending >
Proxanto parore moha moha jibonor   < moha=great >
Xanti aji akranto   < xanti=peace   aji=today   akranto=distressed >
Nobo nobo shristire dotyo danobe kore   < shrishti=creation
    dotyo=monster   danob=demons >
Nishthuraghat obishranto   < nishthuraghat=merciless assault
    obishranto=relentless >
Xeyehe monor mor   < xeyehe=that is why >
Proxanto xagoror urmimala oxanto
Dhwonxor aghatok dise aji xonghat   < dhwonxo=destruction   dise=gives
    aji=today >
Shrishtir xenani ononto   < shrishtir=of creation   xenani =army   ononto=infinite >
Xonghate ane mor proxanto xagorot progotir notun digonto   < xonghate=conflict
    ane mor= brings to my   proxanto= pacific   xagorot=in the ocean/sea
    progotir=of growth/development   notun digonto =new horizon >
Xeyehe, monor mor
Proxanto xagoror urmimala oxanto
Gobhir proxanto xagoror xoktiye   < gobhir=deep   xokti=power-energy >
Dhwonxok kore digbhranto   < dhwonxok=destruction   digbhranto=lost-confused >
Ogonon manobor xantir xomodol shrishtikami jibonto   < Ogonon =countless
    manob=man   xanti=peace   xomodol=procession
    shrishtikami=desirous of creativity   jibonto=alive >
Xeyehe monor mor   < xeyehe=that is why   monor=mind's   mor=mine >
Proxanto xagoror urmimala oxanto

film: Era Bator Xur, 1956 • Translation on page 2 • Assamese script on page 182-183

2
AKAXI GONGA BISORA NAI
I Seek Not the Celestial Stream

Akaxi Gonga bisora nai   < akaxi=celestial gonga=Ganges river >
Nai bisora sworno olonkar   < nai=haven't bisora=asked for=thought of sworno=gold alonkar=ornaments >
Nishthur jibonor xongramot < nishthur=cruel jibonor=life's xongram=struggle
Bisaru moromor mat exar   < bisaru=(I) want moromor=loving mat=voice exar=one spoken word, eg: he didn't say a word >
Nai bisora sworno olonkar   < nai=haven't bisora =ask for sworno=gold olonkar=ornaments >
Nishthur jibonor xongramot   < nishthur=cruel jibonor=life's xongramot=in struggle >

Moha moha xagorore   < moha=great xagorore=oceans' >
Kotona lohor lekhilu   < kotona =how many lohor=waves lekhilu=(I) counted >
Moha moha nogorite   < moha=great nogori = city >
Kotona bat heruwalu   < bat=way heruwa = to lose >
Moromjyotir pom khedi khedi   < moromjyoti =the light of love pom khedi= chasing >
Bowalu gupute oshrudhar   < bowalu= flowed gupute= secretly oshrudhar=tear streams >

Nishthur jibonor xongramot   < nishthur= hard jibonor=life's xongramot=struggles
Bisaru moromor mat exar   < bisaru=want moromor=loving mat exar=voice/word (as in, she didn't utter a word) >

Hoito nitou hejar jonor   < hoito =perhaps nitou=daily jonor=person >
Hejar xorai pao   < hejar=1000 xorai=Assamese offering trays pao=(I) get >
Tothapi kiyo bixex jonor   < tothapi=still kiyo=why bixex=special >
Morom bisari jao

Moha moha nat ghore ghore   < moha=great nat=theatre ghor=house >
Kontho xunit nigoralu   < kontho=throat xunit=blood >
Moha moha shrota jonotare   < shrota=listener >
Mukhot hanhi biringalu   < mukhot=on face hanhi biringalu=brought smiles >

Khyonik mouno porot kunenu   < khyonik=momentary mouno porot=at silent times >
Patolabo mor dukhore bhar   < patolabo=lighten mor=my dukhore =sorrow's bhar=weight >

Nishthur jibonor xongramot
Bisaru moromor mat ekhar

October 1963 • Translation on page 3 • Assamese script on page 182

3
OSHTO AKAXORE XOPUN ROHON XANI
In Surreal Colors of Sunset Sky

Oshto akaxore xopun rohon xani < oshto=sunset akax=sky xopun=dream
   rohon=color xani=smearing >
Klanto luitore henguliya pani < klanto=tired luit=Brahmaputra
   henguliya=crimson pani=water >
Boye jai, boye jai, boye jai < boye jai flows on >

Kun xundorore xilpiye podum phulor nawere < kun=who xundoror=of beau-
   ty xilpiye=artist of podum =lotus flower naware= by boat >
Moyurponkhi rohonbur diye sotiyai < moyurponkhi=peacock feather
   rohon=hues diye sotiyai= sprinkles away >
Duyu pare koto manuh, kotoje itihax < duyu pare=on both banks
   koto=how many manuh= people kotoje=how much itihax=history >
Koto jugor, koto axa niraxare nishwax < koto=how many jug=age
   axa niraxa=hopes and despair nishwax=respiration >
Lokhyo Jodi digonto xilpi he tomar < lokhyo=destination jodi=if
   digonto=horizon xilpi=artist he=O tomar=your >
Podumore pansoi sopuwa ebar < podumore=of lotus pansoi=boat
sopuwa =bring closer ebar=once>
Dekhiba jibonore digonto opar < dekhiba=you will see jibonore=of life
   digonto=horizon opar=shoreless=limitless >
Beli je jai, beli je jai, beli je jai < beli=sun je jai=leaves, goes >

Guwahati: 1964 • Translation appears on page 4
• Assamese script on page 183

4
SHILONGORE GODHULI
An Evening in Shillong

Shillongore godhuli   < Shillongore=Shillong's godhuli=evening >
Xopun sohoror moromi xorotor < xopun=dream sohor=town moromi =beloved xorotor=autumn's >
Xuworoni xonali < xuworoni=memories xonali=golden >
Shillongore godhuli < shillongore=of Shillong godhuli =evening >

Rongin bojar par hoi hoi < rongin=colorful bojar=marketplace par=passing hoi= by >
xuda koi bhorire dubori gosoki goi   < xuda bhori=barefoot dubori=grass gosoki goi =treading >
Xoru xoru jirjiriya   < xoru=little jirjiriya=gurgling (stream) >
Nijorar parote   < nijora=brook's parote=bank of >
Hanhi hanhi tumiye moye xidina < hanhi=smiling tumiye=you moye=at me xidina=that day >
Poriboje khujisilu pisoli < poriboje khujisilu=about to fall, slip   pisoli=slip >
Shillongore godhuli < shillongore=of Shillong godhuli=evening >
Xopun sohoror moromi xorotor < xopun=dream sohor=town moromi = beloved xorotor=autumn >
Xuworoni xonali < xuworoni=memories xonali=golden >
Shillongore godhuli < shillongore=of Shillong godhuli=evening >

Lahe lahe endhar hol   < lahe lahe=slowly endhar=darkness hol=happened >
Duronir khasi gaokhon < duronir=far away Khasi gaokhon=the Khasi town >
Tumi aru moye mili < tumi aru moye=you and me mili=united >
Duyute holu mogon < duyute=in each other holu=become mogon=absorbed >

Duti mon nijora jolodhi hoi   < duti mon=tweo minds nijora=stream jolodhi=water body hoi=becomes >
Okhokoi xorolor bononi dile burai < okhokoi=tall xorol=pine tree bononi=forest grass dile burai=flooded >
Jen uri uri uri uri fura   < jen=as if uri fura flying=floating >
Jonaki poruwai   < jonaki poruwa =firefly >
Hanhi hanhi jokale < hanhi=smile jokale=teasingly >
Ami henu uti fura < ami henu=as if were uti fura=floating >

Duti mitha xorotore xewali... < duti=? mitha=sweet xorotore=autumn xewali=flower, jasmine >
Shillongore godhuli < shillongore=of Shillong godhuli =evening >
Xopun sohoror moromi xorotor < xopun=dream sohor=town moromi =beloved xorotor= autumn's >
Xuworoni xonali < xuworoni=memories xonali=golden >
Shillongore godhuli < shillongore=of Shillong godhuli =evening >

Pinewood Hotel, Shillong, 1968 • Translation appears on page 5
• Assamese script on page 184

5
MOI ARU MOR SA
I and My Shadow

Kone koi   < Kone=who koi=says >
Moi okolxoriya   < moi =I okolxoriya =alone >

Moi aru mor sa   < moi=me aru=and mor=my sa=shadow >
Duyu duyure logoriya   < duyu=both duyure=of both   logoriya=companion >
Prithivi nokoba   < prithivi=earth nokoba=don't say >
Moi okolxoriya   < moi=I okolxoriya=alone >
Moi aru mor sa   < moi=me aru and mor=my sa=shadow >

Xongihinota   < xongihinota =friendlessness >
Morei xongi   < more=my xongi=friends >
Buli kiyo tumi upohax korisa   < buli=saying kiyo=why tumi=you upohax =making fun >
Moi aru mor sa
Duyu duyure logoriya   < duyu=both duyure=of both logoriya=companion >
Moi aru mor sa

Duronir bondhu xokolu misa   < duronir=distant bandhu=friend xokolu=all misa=false >
Nisey kaxore sa he xosa < nisey=very=too kaxore=near sa=shadow he=only xosa=true >
Moi aru mor sa
Duyu duyure logoriya
Moi aru mor sa

Axar bali sorot   < axar=of hope balis=sandy sorot=at beach
Jetiya ghor xanju   < jetiya=when ghor=house xanju=built >
Morei sai bali tuli diye   < morei sai=my shadow only bali sand tuli diye=lifts up >
Endhar batotu morei sai < endhar=dark batotu=on roads morei=my sai=shadow >
Meli diye nite jyotir dolisa   < meli diye=spreads out nite=daily jyotir=of light dolisa =carpet >
Prithivi nokoba   < prithivi=earth nokoba=don't say >
Moi okolxoriya   < moi =I okolxoriya = along >
Moi aru mor sa
Duyu duyure logoriya   < duyu=both duyure=of both logoriya=companion >
Moi aru mor sa

film, Lotighoti: 1966 • Translation appears on page 6
• Assamese script on page 185

6
SIROJUGOMIYA DHOU TULI
Creating Everlasting Waves

Sirojugomiya dhou tuli dhou tuli < sirojugomiya=everlasting
   dhou tuli=creating waves >
Siro notun pansoi uti jai   < siro=ever notun=fresh=ageless pansoi=boat >
Jilmiliya dhou tuli dhou tuli   < jilmiliya=gleaming dhou tuli=creating waves >
Xomoy nodit pot anki anki jai < xomoy=time nodit=river pot=landscape
   anki jai=sketch on, goes on drawing >
Onu poromanu hoi kar axa renu ure < onu poromanu=like
   atoms=infinitesimal hoi=being kar= whose axa=hope
   renu=pollen ure=flies >
Aji ure   < aji=today ure=flies >
O Mor mon gitikar   < mor mon=my mind gitikar=lyricist, poet >
Suwahi suwahi < suwahi= come and see >
Hridoy bilay kon jai < hridoy=heart bilay=spreading kon=who jai=goes >

Jilmiliya dhou tuli dhou tuli < jilmiliya=gleaming dhou tuli= waves creating >
Podum xuror pansoi uti jai < podum=lotus xuror=song pansoi=boat
   uti jai=sails >
Onu poromanu hoi kar axa renu ure
Aji ure

Ujoni panite moromi xutote   < ujoni pani=upstream water moromi=beloved
   xutote=current >
Chitrolekhiye siroxundoror   < chitrolekhiye=picture maker siro
   xundor= eternal beauty >
Honxo kapere buronji likhe   < honxo=swan kapere=with quill
   buronji=history likhe=writes >
O mon xurokar   < o mon=oh mind xurokar=composer >
Gowahi gowahi < gowahi=come sing >
Xuror aji xima nai   < xuror=songs aji=today xima=limits nai=no, none, is not >

Kolkata, 1963) • Translation appears on page 7 • Assamese script page 186

7
XITORE XEMEKA RATI
IN THIS DAMP WINTRY NIGHT

Xitore xemeka rati   < xitore=winter's   xemeka=damp   rati=night >
Xitore xemeka rati
Xemeka xitore rati
Xitore xemeka rati

Boshtrobihin kunu khetiyokor < boshtrobihin =clothless   khetiyok =cultivator
Bhagi pora pojatir < bhagi=broken   pora=falling down   pojatir=of the hut >
Tuh jui ekurar   < tuh jui=sawdust fire   ekura=a flame >
Umi umi joli thoka   < umi umi joli thoka=simmering >
Roktim jen eti uttap hou   < roktim=blood-red   jen eti= as if one   uttap=hot
    hou=I become >
Roktim jen eti uttap hou
Roktim jen eti uttap hou

Xitore xemeka rati...   < xitore=in the winter   xemeka=damp   rati=night >

Khadyobihin kunu dinmojuror < khadyobihin=ill fed   kunu=some   dinmojuror=of
    some daily-wage earner >
Pranote lukai thoka   < pranote=in the heart   lukai=hidden   thoka =being >
Khyudha ogonir   < khyudha=hunger   ogonir=of fire >
Hothate bhomoki utha   < hothate=suddenly   bhomoki=bursting   utha =up >
Prosondo jen eti protap hou   < prosondo=massive   jen eti=as if one
    protap=soverign   hou=(I) become >
Prosondo jen eti protap hou

Xitore xemeka rati...

Xonkhyaloghu kunu xomprodayor   < xonkhyaloghu=minority
    kunu=some   xomprodayor=of community >
Bhoyarto montir < bhoyarto=scared   montir=of mind >
Nufuta artonad   < nufuta=muted   artonad=scream >
Nijei prokax kori   < nijey=self   prokax kori= expressing >
Mitha jen eti nirapotta hou   < mitha=sweet   jen eti=as if one   nirapotta=security >
Mitha jen eti nirapotta hou

Xitore xemeka rati...

Konthorudho kunu xu gayokor < konthorudho=stifled voice
    kunu=some   xu=good   gayokor=of singer >
Probhat anibo pora   < probhat=dawn   anibo=to bring   pora=capable of >
Othoso nuguwa   < othoso=but   nuguwa=not sung >
Eti omor gitor babe   < eti=one   omor=immortal   gitor=song's   babe=for >
Moi jen eti xudha kontho hou   < moi =I/I am   jen eti=as if one
    xudha=pure   kontho=voice   hou=I am >
Moi jen eti xudha kontho hou   < hou=I am >

Tezpur or Kolkata, 1969 • Translation appears on page 8 • Assamese script page 189

8
OI OI AKAX XUBO
The Sky Goes to Sleep

Oi oi akax xubo < oi oi lulluby=sounds akax=sky xubo=will sleep >
Oi oi botah xubo   < botah =wind xubo=will sleep >
Digontote hahakar hobo < digonto=at the horizon hahakar=chaos,
   hobo=will happen >

Xomoy jen stobdho hoi, hoi   < xomoy=time stobdho=to stop >
Bhito hoi, hoi   < bhito=terrified hoi=is >
Sokulu xil hobo < sokulu=tears xil=stone hobo=will be >
Oi oi xomoy xubo   < xomoy=time xubo=will sleep >

Paap Jodi beya, kamona kiyo dile < paap=sin beya=bad
   kamona =desire kiyo=why dile=given >
Moh Jodi beya, xur kiyo dile   < moh =attachment jodi=if beya=bad
   xur=tune kiyo=why dile=given >
Bhangon Jodi beya, biroh kiyo dile   < bhangon=separation biroh=longing >

Tar xomidhan kune dibo?   < xomidhan=answer kune=who dibo=will give
Oi oi xomoy xubo
Xathorbhora nixa mor xon xubo < xathor=riddle nixa=night mor=mine
   xon=honey xubo=sleeps >

Boidho ki, oboidho ki ? < boidho=legal oboidho=illegal >
Boidho ki? Oboidho ki ?
prosno hobo   < prosno=questions hobo=will be >
Digontote hahakar hobo < digontote=iat the horizon hahakar=chaos
   hobo=will happen >

film: Protidhwani, 1964 • Translation on page 9 • Assamese script on 188

9
KAHINI ETI LIKHA
Write a Story

Kahini eti likha xewar bikhoye   < kahini =story likha=write xewa=service
    bikhoye =subject, about/on >
Koisilu bohu bohu bar   < koisilu=said bohu=many bar=times >
Bondhu likhok, tumi nuxunila < bondhu=friend likhok=writer tumi=you
    nuxunila=didn't listen >
Dekhuwala mathu ohonkar < dekhuwala= you had shown mathu=only ohonkar=vanity >

Hosa nayak bisari bisari   < hosa=true nayak=hero bisari=searching >
Tahanije ahisila lowori   < tahani=long ag ahisila=you had come lowori=running >
Moyu dekhun manob itihaxor < moyu=I also dekhon=seem manob=human
    itihax=in history >
Kotha kolu nijoke pahori   < kotha=story kolu=told nijoke=self pahori=forgetting >
Tetiyatu tumi likhi gola   < tetiyatu=then tumi=you likhi=writing gola=went on >
Misa kotha onyo nayokor   < misa=false kotha=stories onyo=other
    nayokor=hero's/heros' >
Bondhu likhok tumar likha khini < bondhu=friend likhok =write tumar=your
    likha khini=the writings >
Misa kotha misa kolponar   <misa =false kotha=story kolpona=imagination >

Ji kahini tumi nilikhila   < ji =which kahini=story tumi=you nilikhila=didn't write >
Tak itihaxot xomoye likhile   < tak=that itihaxot=in history xomoye=time
    likhile=wrote >
Morei majot xohoshro manobor   < morei =myself mojot=inside xohoshro=thousands
    manobar=of men/human beings >
Zujar jowar tumi nedekhila   < zujar jowar=tide of war tumi=you
    nedekhila=didn't see >
Nijorikap nijori nijori   < nijorikap=fountain pen nijori=flowing >
Tomar bhaxau porile bhagori   < tomar=your bhaxau=language porile=got
    bhagori=tired >
Moiyu aji khyon khyoti kori   < moiyu= I also aji=today khyon =time
    khyoti kori=wasting >
Nejau aru tomake bisari   < nejau=(I) will not go aru=and tomake=you bisari=searching >
Nejau aru xoto kabou kori < xoto=hundreds kabou kori=pleading >
Koboloi aru eti bar   < koboloi= to say aru=and eti=one bar=more time >
Bondhu likhok tomar likha khini   < bondhu=friend likhok=writer tomar=your
    likha khini=the writings >

Misa kotha misa kolponar   < misa=false kotha=story kolponar=of imagination >

Kolkata: 2nd July, 1964 • Translation on page 10 • Assamese script on 189

10
XURAT MOGON BHOYAL RATI
INTOXICATED GHOSTLY NIGHT

Xurat mogon bhoyal rati < xurat=in wine mogon= immersed bhoyal=eerie
    rati=night >
Mouno kulahol < mouno=silent kulahol=din >
Moi jen ek rodor bilap   < moi=me jen=as if ek=one rodor=of sunshine
    bilap=wail >
Xobdor xomodol < xobdor=sound's xomodol=procession >

Sondro torak thap mari ani   < sondro=moon torak=star (thap mari)=grab
    ani=bring >
Thekesi pelabor hol   < thekesi=drop with force pelabor=to throw
    hol=it's about time >
Xurjyomukhiye xojabo kahani   < xurjyomukhi=sunflower xojabo=will decorate
    kahani=when >
Bethar xomadhitol   < bethar=of compassion
    xomadhi=cremation place=grave >

Niyompiyaxi xontanbure < niyompiyaxi=rule following xontanbure=the children
    >
Niyom nomona hol   < niyom=rule nomona=not following >
Matrir soku ghon kuwolir   < matrir=mother's soku=eyes ghon=dense
    kuwolir mist >
Gohbor hoi gol   < gohbor=cave hoi gol=has become >

Xogune xodai xobhake pate < xogun=vulture xodai=always xobha=meeting
    pate=hold >
Bhaxon pori rol < bhaxon speech (pori rol)=lie abandoned >
Dinbur amar mrito horinor   < dinbur=the days amar=our mrito=dead
    horinor=deer's >

Beka xing jen hol   < beka=twisted, crooked   xing=horn jen=as if
    hol=has become >
Moi jen ek rodor bilap <moi=me, I am jen=as if ek=one rodor=of sunshine
    bilap=wailing >
Xobdor xomodol < Xobdor=of words xomodol=procession >

Sung by Jayanta Hazarika; film: Brishti, 1974 • Translation appears on page 11
• Assamese script on 190

11
MOR GAAN HOUK
Let My Song Be

Mor gaan houk < mor=my gaan=song houk= let be >
Bohu asthahinotar biporite < bohu=many ashthahinota= lack of faith
    biporite=against >
Ek gobhir asthar gan   < ek=one gobhir=deep asthar=of trust gaan=song >
Mor gan houk
Kolpona bilaxor biporite < kolpona=imagination bilax=idle dreaming
    biporite=against >
Ek xotyo prokhoshtir dhyan < xotyo=truth prokhoshtir=praise dhyan=meditation >

Mor kolaxoilite murtto houk   < mor=my   kolaxoili=artistic skill   murtto=form
    houk=let be >
Ek modhur boixishtyor man < ek=one modhur=sweet boixishtyor=of attribute
    man=honor >
Xei ganot jagok jonoik xongrami < xei=that ganot=in song jagok=awake
    jonoik=one xongrami=fighter >
Xoinikor mohapran   < xoinikor=soldier's mohapran=great soul >

Xomoxamoyik xonghat < xomoxamoyik=contemporary xonghat=conflict >
Jibonor jyotipropat   < jibonor=life's jyotipropat=lightning >
Tarei gaan houk dhonyo < tarei=it's gaan=song houk=let be dhonyo=grateful >

Houk xomobeto kontho ogonyo   < xomobeto=chorus kontho=voices
    ogonyo=countless >

Dhonxomukhi drishtibhongi   < dhonxomukhi=destructive
    drishtibhongi=outlook >
Kimba monumalinyo   < kimba=or monumalinyo=difference >
Xeya nohoi mor gaanor lokhyo < xeya=that nohoi=isn't mor= my gaanor=song's
    lokhyo= goal >

Lokhyo xanti ononyo < lokhyo= goal xanti=peace ononyo= unique >

Mor xurobinyaxot murtto houk   < xurobinyaxot= in musical composition
    murtto=form houk=let be >

Otit borttoman   < otit=past borttoman=present >
Siro ujjol bhobishyoteu jen   < siro=ever ujjol=bright bhobishyoteu=future too
    jen=as if >
Tatei kore nite snan   < tatei= in there kore nite=takes daily snan=bath >

Mor gan houk
Bohu badhar prasiror biporite   < Badha=obstruction prasiror=wall's
    biporite=against >
Ek tibro gotirei gan < ek=one tibro=fast gotirei=of speed gaan=song >

Shillong, 21st January, 1970 • Translation on page 12 • Assamese script on 191

12
JONAKORE RATI
Moonlit Night

Jonakore rati oxomire mati   < jonakore=of moonlight rati=night oxomire=Assam's mati=land >
Jiliki jiliki pore   < jiliki=shimmering=glittering pore=becomes >
Moloyar esati duhate xaboti   < moloya=breeze esati=a whiff duhate=with both hands xaboti=embracing
Dhuniya maloti xore   < dhuniya=beautiful maloti=jasmine xore=falls >

Eikhon dex mor tenei apon   < eikhon=this dex=country mor=my apon=own >
Nite nite ane   < nite=daily ane=brings >
Notun xopun   < notun=new xopun=dream >

Amar gaore xonor juritit   < amar=our gaore=village's xonor=of gold juritit= in the brook >
Torai dhemali kore   < torai= stars dhemali=frolic kore=does >
Axar saki jole dukhiyare ghore ghore   < axar=of hope saki=lamp jole=burns dukhiya=poor ghore ghore=at every house, home >
Take dekhi endharbore   < take=it dekhi=seeing endharbore=the darkness
Amar gao ere   < amar=our gao=village ere=leaves >

Amare dexor buwoti xutik   < amare=our dexor=country's buwoti=flowing xutik = stream >
Badha dibo kone pare ?   < badha=obstruct dibo=to give kone=who pare=can >
Agoloti kolapat lore sore   < agoloti kolapat=banana leaves lore sore=sways >
Monore pokhiti mor ure ure   < monore=mind's pokhiti=bird mor=mine ure=flies >
Kon siphungor xure xure   < kon=whose siphung=a tribal flute xure xure=to the tune of >
O'...O'...O'

film: Era Bator Xur, 1956 • Translation on page 13
• Assamese script on page 192

13
ETUKURA ALOXUWA MEGH BHANHI JAI
A Piece of Fluffy Cloud Hovers Above

Etukura aloxuwa megh bhanhi jai < etukura=a piece aloxuwa = soft, delicate megh = cloud bhanhi = floating jai = goes >
Moro bonohongxoi bat heruwai < moro = my bonohongxo = wild swan bat = road heruwai = loses >
Moi asu xarodiyo khirikimukhot < Moi asu = I'm xarodiyo = autumnal khirikimukhot = at the window >
Bukuwe bisorajonoloi bat sai < bukuwe = the heart bisorajonoloi = the desired one bat sai = looking at the road, waiting >

Bijulisakir xou tar burote < bijulisaki = electric light xou = those tar = wire burote = on the=from the >
Niyore olomi kiba kotha pate < niyore = the dew olomi = hanging kiba = something kotha pate = talk >
Bixex bindut oka ekhoni mukhe < bixex = specific bindut = on the dot oka = drawn ekhoni = one mukhe = face >
Emuthi onurag dise sotiyai < emuthi = fistful onurag = affection dise sotiyai = has sprinkled >

Moi ek jokhyo mohanogorir < moi = I am ek = one jokhyo = a mythical character mohanogorir = of the city >
Misoliya moromot kararuddha < misoliya = false morom = love kararuddha = imprisoned >
Xuworoni shrawonote aboddho < xuworoni = remembrance shrawonote = monsoon aboddho = closed >
Niyon sakiye aji soku tipiyai < niyon sakiye = neon light aji = today soku = eye tipiyai = blinks >
Xorot xondhya mohanogori xojai < xorot = autumn xondhya = evening mohanogori = city xojai = decorate >
Madokota xani aji likhisu sithi < madokota = intoxicating love xani =smearing aji = today likhisu = I write sithi = letter >
Sonchol meghe jen taake korhiyai < sonchol = restless meghe = the cloud jen = as if taake = that korhiyai = carry >

Shillong, 1969 • Translation appears on page 14 • Assamese script on page 193

14
JIBON GHORIR PROTITU POL
Dissolving Seconds....

Jibon ghorir protitu pol < jibon = life ghorir = clock's protitu = each
    pol = moment >
Jen goli goli gole < jen = as if goli = melt gole = away, gone >
Nixongotar poruwa eti < nixongota = solitude, loneliness poruwa = ant
    eti = one >
Mathu tate pori role < mathu = only, just tate = there pori = lie role = stayed >

Tejot aji roktokonika < tejot = in blood aji = today
    roktokonika = blood corpuscles >
Kiyo janu komi gole < kiyo janu = don't know why komi
    gole = have gone low >
Dongxonroto bijanur dol < dongxonroto = biting bijanur = germs' dol = group >
Morje logori hole < morje = my logori = companion hole = have become >

Bilombitoloi < bilombitoloi = a slow tempo >
Xunyota bhora xur < xunyota = nothingness bhora = full of xur = tune, melody >
Xuworoni xomoloi hahakarere pur < xuworoni = remembrance xomoloi =
    symphony hahakarere = of chaos pur = full >

Dinbur jen xagor paror < dinbur = the days jen = as if
    xagor paror = of sea side >
Oghori sorai hole < oghori = homeless sorai = bird hole = have become >
Ondhokaror digboloyot < ondhokaror = of darkness
    digboloyot = in the horizon >
Puhor herai gole < puhor = light herai gole = got lost >

film: Kanch Ghar, 1975 • Translation appears on page 15
• Assamese script on page 196

15
JHOK JHOK RAIL SOLEY
Chug, Chug...

Chug, Chug...

Jhok jhok rail soley mor   < jhok = sound of train rail = train soley = moves
    mor =mine >
Rail soley mor rail soley   < rail = train, soley = moves >
Xamyo ringiyai   < xamyo = equality ringiyai = ringing >
Xanti ukiyai rail soley   < xanti = peace ukiyai = whistling >

Fireman moy   < moy = I am >
Dop dop ogonir   < dop dop = blazing ogonir = of fire >
Tejronga boronor   < tejronga = blood red boronor = colored >
Koylar patro   < koyla = coal patro = vessel >
Hatere khamusi dhori   < hatere = with hand khamusi = clutching dhori = holding >
Boiler dugune jolau   < dugune = twice jolau = I lit >
Deha mor joley joley   < deha = body mor = mine joley = burns >

Signalman moy
Kola kola koylar dhuli lagi kola pora   < kola = black koylar = coal's dhuli = dust
    lagi = attached kola pora = blackened >
Bahur xokotire xuxonor kona bat < bahur = arm's xokotire = with strength
    xuxonor = of exploitation kona = blind bat = path >
Huhukai thoi moi xomoyor alitir   <Huhukai thoi = leaving behind moi = I
    xomoyor = time's   alitir = road's >
Nisan urau   < nisan= flag urau = I fly >
Xuxon duxit bayu phalee phalee   < xuxon = exploitation duxit = contaminated
    bayu = air   phalee phalee = tearing >
Driver linesman
Bonuwa kerani moy   < bonuwa = laborer kerani = clark >
Rati nai din nai   < rati = night din = day nai = no >
Sokut toponi nai   < sokut = in eyes tuponi = sleep nai = no >

(continued on page 102)

15 JHOK JHOK RAIL SOLEY
Chug, Chug...
(continued from previous page)

Hai hai hai   < hai = sigh >
Khong uthi ronga pora sokut koyla pori   < khong = anger uthi = rising
     ronga pora= blood-shot sokut = in eyes koyla = coal pori = got into >
Drishtik dugune jolau   < drishtik = eyesight dugune = twice jolau = I burn >
Kam kori moy bhagori porilu   < kam = work kori = doing moi = I
     bhagori porilu = got tired >
Pet mor joley joley   < pet = stomach mor = my, mine joley = burns >

Jontrojugor xumohan krishtire   < jontrojugor = of machine age xumohan = great
     krishtire = with culture >
Manuhor muktir gorhim xopun   < manuhor = men's muktir = of freedom
     gorhim = will build xopun = dream >
Notunor goti khedi bahuwe bahuwe bondha   < notunor = of new goti = movement
     khedi = chasing bahuwe bahuwe= shoulder to shoulder bondha = tied >
Akax poroxi jowa ekotar bandhunok   < akax = sky poroxi = touch
     poroxi jowa = touching ekotar = of unity bandhunok = bond >
Rudhibo kone   < rudhibo = will obstruct kone = who   >
Xamyor dhumuhai theley theley...   <xamyor = equality's dhumuha = storm
     theley = pushes >

Chicago, 1949 • Translation on Page 16
• Assamese script on page 195

16
DOLA
The Palanquin

Dola hey dola, hey dola, Hey dola   < dola = palanquin >
Eka beka batere korhiyaun korhiyaun   < eka beka bat = meandering road korhiyaun = I carry >
Bor bor manuhor dola   < bor bor manuhor = big men's >
Apun korilu bonuwar jiwonok   < apun korilu = made own bonuwa = laborer jiwonok = life >
Deha bhagorai tola, hey tola   < deha = body bhagorai tola = making tired >
Heya na, heya na, heya na, heya   < heya na = cheering to carry on >
Dolar bhitorot tirbir korise   < dolar = palanquin's bhitorot = inside tirbir korise = shining >
Sohoki patore paag   < sohoki = rich   paatore = of paat silk   paag = turban >
Ghone ghone dekhisu lorsor korise   < ghone = frequently dekhisu = I see lor-sor korise= moving, swinging >
Xukula sunworor aag < xukula = white sunwor aag =a tuft of hair from deer's tail >
Murhe loratik eibar bihute   < murhe = only mine loratik = boy, son, kid eibar = this time bihute = in Bihu festival >
Nidilu xutare sola   < nidilu = didn't give xutare = of thread sola = shirt >
Sokulu ulaleu monti nebhangu   < sokulu = tears ulaleu = even if appear monti = the mind nebhangu = won't let be broken >
Korhiyai loi jau dola   < korhiyai = carrying loi jau = I take >
Juge juge japi diya metmora bojati   < juge juge = through the ages   japi diya = dumped metmora = heavy bojati = the burden >
Kaandh bhangu bhangu kore, hey kore < kaandh = shoulder bhangu bhangu kore = seems like breaking >
Bor bor manuhe dolat tuponiyai   < bor = big manuhe = men, people dolat = in the palanquin tuponiyai = sleep >
Amarhe ghaam bur Xore < amarhe = only our ghaam = sweat bur =the xore = fall >
Okhokoi paharor tingtit uthisu   <okhokoi = high paharor = hill's ting = peak uthisu = I climb >
Bhalkoi khujti mila   < bhalkoi = well khoj = steps mila = match, synchronize >
Amar kaandhor pora pisolibo lagile   < amar = our kaandhor pora = from shoulders pisolibo lagile = if slip >
Bagori poribo dola   < bagori = tumble poribo = will down, capsize, or fall >
O roja moharojare dola   < roja moharojare = of kings and emperors >
Bor Bor Manuhor Dola

Guwahati, 1953 • Translation on page 17
• Assamese script on page   19

17
BIKHYUBDHO BISWO KONTHOI
Fireball

Bikhyubdho biswokonthoi ohuratri siyorey siyorey   < bikhyubdho=angry
    biswokonthoi=voice of the world ohuratri=day and night siyorey=screams >
Prosondo ognipindo; jwalamoyee hoi urey   < prosondo=humongous
    ognipindo=fireball
hoi=being urey=flies >
Kiyo urey?   < kiyo=why   urey=flies >
Prithivitu nohoi proloyor akankhyi   < prithivitu=the earth nohoi=isn't
    proloy=doomsday akankhyi=desirous >
Gonomanox nohoi dhwonxor proyaxi   < gonomanox=minds of the masses
    nohoi=aren't dhwonxor=of destruction proyaxi=desirous >
Tothapitu xikha urey   < tothapitu=still xikha=flame urey=flies >
Kiyo urey?   < kiyo=why   urey=flies >

Omito xonkolpo < omito=limitless xonkolpo=pledge, commitment >
Protirudhor podaghate   < protirudhor=of resistance=struggle
    podaghate=hitting footsteps >
Paxobikotar dombhor < paxobikotar= of bestiality dombhor=pride, vanity >
Okalmrityu matey   < okalmrityu=pre-mature death matey=calls >
Xudur proxari manob xobhyotai   < xudur proxari=far reaching manob=human
    xobhyotai=civilization >
Protimanobor agneyogiri atmai   < protimanobor=every human-being's
    ogneyogiri=volcano atmai=soul >
Nobobiplob nite gorhey < nobobiplob=new revolution nite=daily gorhey=builds >

Prosondo ognipindo jwalamoyee hoi urey < jwalamoyee=burning >
Xeye ure.   < xeye=that is why   ure=flies >

Kolkata: 1969 • Translation appears on page 19
• Assamese script on page 197

18
HU HU DHUMUHA
Howling Storm

Hu hu dhumuha ahileu < hu hu=howling dhumuha=storm ahileu=even if it comes >
Akax kola meghe sanileu < akax=sky kola=black, dark megh=cloud sanileu=even if envelope=cover >
Rimjhim boroxun porileu < rimjhim=sound of rain boroxun=rain porileu=even if it falls >
Tumi jen thaka mor kaxotey < tumi=you jen=hope in this context thaka=stay mor=my kaxot=near >

Jibonor prothom torit < jibonor=of life's prothom=first tori=boat >
Prothom jatri hoi bohila < jatri=passenger hoi=being bohila=you have sat down >
Bukur topot um jasi <bukur=of chest, heart topot=hot um=warmth jasi=offering >
Bhoyaboho saknoiya dekhileu < bhoyaboho=terrifying saknoiya=whirlpool dekhileu=even if see >
Tumijen thaka mor kaxotey

Xoixob par hole kixor holu < xoixob=childhood par hole=has crossed kixor=teenager holu=I have become >
Koixur par hole juwok holu < koixur=teenage par hole=has passed juwok=youth holu=I have become >
Jowbon jowarot nao meli < jowbon=youth jowar=tide nao=boat meli=spreading, rowing >
Axar pal rupey tomakey palu <axar=of hope pal=sail rupey=in the form tomakey=you only palu=I found, got >
Asonir xagorotey < asoni=plan, scheme xagorotey=in the sea >
Xahoxor swakhyor rosila< xahox=courage swakhyor=signature rosila=you have composed >
Niraxar sokupani mosi < niraxa=despondency sokupani=tears mosi=wiping >
Duxhoh bedonat bhugileu < duxhoh=unbearable bedona=pain bhugileu=even if suffer >
Tumijen thaka mor kaxotey
Hu hu...

Kolkata: 19th Aug, 1964 • Translation on page 20
• Assamese script on page 198

19
O THUNUKA KANCH GHOR
O Fragile Glass House

O' thunuka kaanchghar   < kanchghor=glass house >
Toi bandhibi kiman   < toi=you bandhibi=will keep tied
    kiman=how much or long >
Mor mon pokhik   < mon=mind pokhi=bird >
Xeemar poridhi tani   < xeemar=of border poridhi=limit tani=drawing >

Xou oxeem akax   < xou=that oxeem=limitless akax=sky >
Morei baabey bat sai ase   < Morei=me only baabey=for bat sai ase= is waiting >
Kamonar rohon xan   < kamona=passion=desire rohon=hue xani=smearing >

Janu moron jibon eketi nodir   < Janu=I know moron=death jibon=life
    eketi=same nodir=of river >
Duparor duti ghat   < duparor=two banks duti=two ghat=port >
Xunu moron henu shyam xoman   < Xunu=I hear moron=death henu=that
    shyam= krishna xoman=like, equal >
Nite banhi bai tat   < nite=daily banhi=flute bai=plays tat=there >

Tothapi kiyo sobi anki jao   < tothapi=still, yet kiyo=why sobi=picture
    anki jao=keep drawing >
Jibon laloxar   < jibon=life laloxa=lust >
Tothapi kiyo mor manoxot   < manoxot=in my mind >
Buwoti xutire dhar   < buwoti=flowing xutire=stream's dhar=current >
Jot jilmiliya pani   <jot=where jilmiliya=gleaming pani=water >

O kanchghor
Moi je torei   < Moi je torei= I am yours only >
Otithi khyonikor   < otithi=guest khyonikor=momentary >
Dexe bidexe mon goti mor   < dexe=in the country bidexe=in foreign coun-
    tries mon=mind goti=speed mor=mine >
Hoi je khiprotor   < hoi je=becomes khiprotor=faster >

Toitu nuwaro pokhik bandhibo   < toitu=you nuwaro=can't pokhik=the bird
    bandhibo=tie >
Jiya xagor parot   < jiya=living xagor=sea parot=beach >
Kanchor xikoli ani   < Kanchor=of glass xikoli=chain ani=bringing >
Xou oxeem akax   < xou=that oxeem=limitless akax=sky >
Morei babey bat sai ase   < morei babey=for me only
    bat sai ase=waiting= looking at the road >
Kamonar rohon xani   < kamonar=of desire rohon=hue xani=smearing >

film: Kanchghor, 1975 • Translation appears on page 21
• Assamese script on page 199

20
NOTUN NIMATI NIYORORE NIXA
Dew Drenched Night

Notun nimati niyorore nixa   < notun=new niyor=dew nixa=night >
Jibon jilika jonakore nixa   < jonakore nixa=moonlit night >
Aru tumi Nisei sinaki   <aru=and tumi=you nisei=so sinaki=familiar >

Mor joubon aji ucchol   < joubon=youth aji=today ucchol=bulging, swelling >
Jolmol xoroxit nase ponkoj   < jolmol=gleaming xoroxit=in water
     nase=dances ponkoj=lotus >
Kamonar poranu purno hoi nixati   < kamonar=of desire poranu=life also
     purno hoi=gets fulfilled >

Nai boibhov nai roop   <nai=no, lack boibhov=asset roop=beauty >
Nai nai gunawoli   < gunawoli=attributes, qualities >
Tothapi xopilu   < tothapi=yet xopilu=I have offered >
Moromxikto onjoli   < Moromxikto=full of love onjoli=offering >

Mor bokhyot modhu uttap bhora   < bokhyot=in breast, chest
     modhu=sweet'honey uttap=warmth bhora=full of >

Kompita stombhita tumi aji   < kompita=trembling stombhita=stunned >
Jibonu purno hoi nixati   < jibon=life also purno=completes nixati=the night >

November-December 1960 • Translation appears on page 22
• Assamese script on page 200

21
GUM GUM GUM GUM
Let the Clouds Roar and Rumble

Bandho hey...... < bandho=comrades >
Gum gum gum gum meghe gorojiley < gum gum=sound of thunder meghe=clouds
　　gorojiley=roar(s) or has/have roared >
Hum hum hum hum dhumuha ahiley　　　<dhumuha=storm ahiley=come(s) or
　　has=have come >
Jibon dinga bai thaka　　　　　　　　<jibon=life dinga=boat bai thaka=keep
　　rowing >
Bandho hey..... < bandho=comrades, friends >

Gobhir nodit kumbhir asey　　< gobhir=deep nodit=in river kumbhir=alligator
　　asey=there is >
Asey bondhu asey
Kumbhiroru moron asey　　< kumbhiroru=even alligator's moron=death >
Asey bondhu asey
Bahut tomar bol asey　　　< bahu=arms tomar=your bol=strength >
Hejar hatir xah asey　　　<hati=elephant, xah=courage >
Bhoy xonkus era　　　　　< xonkus=hesitation, wavering >
Bandho hey

Ei kolija kopuwa xouwa soknoya < ei=this kolija=heart kopuwa=shaking
　　xouwa=that over there sakonoya=whirlwind >
Tatey kinu hol　　　　　　< tatey=in that kinu=what hol=happened >

Maj panit nao bhage suwa　　< maj=in the middle panit=in water nao=boat
　　bhage=gets wrecked suwa=look >

Ei tatey kinu hol
Botha dekhu bhage　　　　< botha=oar dekhu=seems >
Ei hat koloi gol　　　　　< ei=this hat=hand koloi=where to gol=has gone >

Pal dekhu sirey　　　　　< pal=sail dekhu=seems sirey=gets torned >
Ei buku koloi gol
Kandun eri hanhi thaka　　< kandun=crying eri=leave hanhi=smile(ing)
　　thaka=keep, stay >
Bandho hey ...

film: Era Bator Xur, 1956 • Translation appears on page 23
• Assamese script on page 201

22
MRITYU XABOTI
Embracing Death

Mrityu xaboti	< mrityu=death xaboti=embracing >
Xomadhitolit	< xomadhitolit=at graveyard >
Okoley asuhi xui	< okole=alone asuhi=I am here xui=asleep >
Etiya punor	< etiya=now punor=again >
Ahisa kiyo	< ahisa=you have come kiyo=why >
Jwolabo kolijar jui	< jwolabo=to lit kolijar=liver=or heart jui=flame >

Moron porotu	< moron=death porotu=even at the time of >
Asilu dekhun	< asilu=I was >
Tomar batoke sai	< batoke sai= waiting looking at the road >
Tetiya tumi	< tetiya=then tumi=you >
Xomoy nepala	< xomoy=time nepala=(you) didn't get >
Tomar ahori nai	< tomar=your ahori=leisure nai=no >

Mor mritodeh	< mritodeh=dead body >
Boga kapurere	< boga=white kapurere=with cloth >
Kunubai dhaki dile	< kunubai=someone dhaki=cover dile=did, gave >
An kunubai gongajolere	< an kunubai=someone else gangajolere=with holy ganges water >
Dehati tiyai dile	< dehati=the body tiyai=wet >

Nischoi tumi tetiya asila   < nischoi=sure, definitely tumi=you tetiya=then asila=(you) were >

Anor morom sui	< anor=other's morom=love sui=touching >
Moi asilu khyon goni goni	< asilu=(I) was khyon=moment goni=counting >
Axar brikhyo rui	< axa=hope brikhyo=tree rui=planting >

Siroxantir kolat aji   < siroxantir=of eternal bliss kolat=in the lap of aji=today >

continued on page 110

22 MRITYU XABOTI
Embracing Death
Continued from previous page

Palu mor bisora thai   < palu=(I) have found   mor=my
    bisora=desired   thai=place >
Tumi kiyo baru etiyau mok   < kiyo=why   baru=well,
    etiyau=even till now   mok=me >

Jokaboley era nai   < jokaboley=to tease   era nai=not left >

Jibon paror kahini xamori   < jibon=life   paror=bank's   kahini=story
    xamori=gathering >
Tumi juwa kiyo nai   < juwa=have not gone >
Jiya mayar bandh khuli lolu   < jiya=living   mayar=illusion's
    bandh=knot, bond   khuli=opening   lolu=(I) have taken >
Moron preyoxik pai   < moron=death   preyoxik=lover(f)   pai=getting >

Nojokaba mok   < nojokaba=don't tease   mok=me >

Misa hanhi mari   < misa=fake, lie   hanhi mari=flashing smile >
Bhal pao buli koi   < bhal pao=I love >
Etiyato par hobotu nuwaru   < etiyato=now   par=cross >

Oxim moron noi   < oxim=endless >

film: Chikmik Bijuli, 1969 • Traslation on page 24
• Assamese script on page 202

23
OY NILAJ PAHAR
O Barren Mountain

Oi nilaj pahar < nilaj=shameless pahar=hill, mountain >
Oi xukan pahar <xukan=dry, barren, arid >
Morombihin hoi mor mor mor < morombihin=loveless hoi=being mor=die >
Lajot-heh mor < lajot-heh=in shame, disgrace >

Bisarili ki ? < bisarili=you wanted ki=what >

Pali toi ki ? < pali toi=you got. toi=you >

Xopun Dekhisili < xopun=dream dekhisili=you saw >

Jhir jhir jhirkoi nijora bobo < jhir jhir=sound of stream jhirkoi=bubbling
    nijora=stream bobo=will flow >
Tor bukuwedi eti mitha nijora bobo < tor=your bukuwedi=through the heart
    eti=one mitha=sweet >
Moromere akuwali nijora bobo < moromere=with love akuwali=embracing >
Taik pai tor bukukhon roxal hobo < taik=her pai=getting tor=your
    bukukhon=heart, chest roxal=juicy, full hobo=will be >

Eku nepali heh < eku=anything in negative context nepali=didn't get
    heh=oh=ah=huh >

Bhangil ne tor ohonkar ? < bhangil ne=has broken tor=your ohonkar=pride, ego >
Oi nilaj pahar

Bisarili ki?
Pali toi ki?

Bohu bhabisili < bohu=a lot bhabisili=you thought >

Tor bukut asil henu roop rupali < bukut=in your chest asil=was
    henu=belief was, is roop=silver rupali=silvery >
Henu kolija khandile pai xon xonali < henu=belief is=was kolija=liver but
    means heart here khandile=if dig pai=get xon=gold xonali=golden >
Xon khandi nibo toi roopu heruwali < khandi nibo=will dig and take toi=you
    roopu=silver also heruwali=you lost >
Balisonda mathu toi butolili < balisonda=sand mica mathu=only
    toi=you butolili=you picked >
Ki pali heh < Ki=what pali=did you get heh=huh >
Bhangil ne tor kamihar ? < Bhangil ne=has broken kamihar=rib bones >
Oi xukan pahar
Oi nilaj pahar
Taake loi siyori mor mor mor...

film: Bonoriya Phool, 1973 • Translation on page 25
Assamese script on page 203

24
PROTIDHWONI XUNU MOI
I Hear the Echo

Protidhwoni xunu moi   < protodhwoni=echo   xunu=I hear, listen   moi=I >
Protidhwoni xunu
Protidhwoni xunu
Mor gawore xeemare paharor xiparor   < mor=mine, my   gawore=of (the) village   xeemare=by the border   pahar=hill   xipar=otherside >
Nixar siyortit   < nixar=of night   siyor=cry, shouting >
Protidhwoni xunu
Protidhwoni xunu

Kan pati xunu moi bujibo nuwaru   < kan=ear, kan pati=attentively   bujbo=to understand   nuwaru=I cannot >
Sokumeli sao moi monibo nuwaru   < soku=eye   meli=open   sao=I see   monibo=to see >
Sokumudi bhabu moi dhoribo nuwaru   < sokumudi=closing the eyes   bhabu=I think   dhoribo=to get, comprehend >
Hajar pahar moi bogabo nejanu   < hajar=thousand   pahar=hills   bogabo=to climb   nejanu=I don't know >
Nixar siyortir   < nixar=of night   siyortir=of the cry >

Protidhwoni xunu
Protidhwoni xunu

Hobo parey kunu gabhorur xuk bhora kotha   < gabhoru=young girl   xuk=sadness   kotha=word, story >
Hobo parey kunu aitar nixar xadhu kotha   < aita=grandma   xadhu=fairytale >
Hobo parey kunu Rongmonor kothiyatolir betha   < kothiyatoli=paddy field   betha=heartache >
Sina sina xurtik sinibo nejanu   < sina=familiar, known   xur=tune >
Nixar siyortir protidhwoni xunu   < protidhwoni=echo   xunu=I hear >

Protidhwoni xunu

Xex hol kunu gabhorur xuk bhora kotha   < xex=finish, end   hol=has happened,

continued on page 113

24 PROTIDHWONI XUNU MOI
I HEAR THE ECHO
continued from previous page

done kunu=some>
Xex hol kunu aitar nixar xadhukotha
Xex hol kunu Rongmonor kothiyatolir betha < kunu=some
Rongmonor=Rongmon's >
Sina sina xurtik sinibo nejanu   < sina sine=familiar sounding
    xurtik=the tune sinibo=to recognize nejanu=I don't know >

Notun siyortir protidhwoni xunu   < notun=new siyortir=the cry's >
Protidhwoni xunu

Mor kola sulit ratipuwar ronga road pore < kola=black suli=hair
    ratipuwar=morning's ronga=red road=sunshine pore=falls >
Sokur agor kuwolibur bhoyot ura marey   < sokur=eyes agor=of the front
    kuwolibur=the fog bhoyot=in fear ura=fly
    marey=away in this context, otherwise beat, kill >
Jagi utha manuhe hejar siyor marey   < jagi utha=arisen, awoken
manuhe=people hejar=thousand siyor marey=scream, yell >

Tate theka lagi hejar pahar bhagi porey < tate=there theka lagi=colliding
    bhagi= break porey=fall, crumble >

Manob xagorot kolahol xunu   < manob=human xagor=sea
    kolahol=hue and cry xunu=I hear >
Notun siyortir protidhwoni xunu   < notun=new >
Protidhwoni xunu

This song was written on the aftermath of the Chinese Revolution. But certain changes were made after the Sino Indian conflict in 1962. The song above is the revised version.

Guwahati: 1953 • Translation appears on pages 26-27
• Assamese script on page 204

25
MANUHE MANUHOR
IF MAN WON'T CARE FOR MAN

Manuhe manuhor babey < manuhe=man   manuhor babey=for man >
Jodihe okonu nebhabey < Jodihe=if   okonu=even a bit   nebhabey=don't think >

Okoni xohanubhutirey   < okoni=little xohanubhuti=sympathy >
Bhabibo kunenu kowa, xomoniya < Bhabibo=will think kunenu=who else kowa=say
   xomoniya=friend, comrade >

Manuhey manuhok besibo khuji   <manuhok besibo=to sell men
   khuji=wanting >
Manuhey manuhok kinibo khuji < kinibo=to purchase khuji=wanting >
Puroni itihax dohariley   < puroni=past, old itihax=history dohariley=repeat >
Bhul janu nohobo kowa, xomoniya   < bhul=error, mistake janu = ?
   nohobo=won't it be kowa=say >

Durbol manuhey Jodi   < durbol=weak manuhey=people jodi=if >
Jibonor kobal nodi   < jibonor=life's kobal=rapid nodi=river >
Par hoi tomarey xahot   < par hoi=cross tomarey=only on your xahot courage >
Tumi heruwabanu ki   < tumi=you heruwabanu=will lose ki=what >

Manuh jodihe nohoi manuh   < manuh=people, men jodihe=if
   nohoi=not >

Danob kahaniu nohoi manuh   < danob=devil, demon kahaniu nohoi=will never
   be manuh=men >
Jodi danob kahaniba hoi manuh   < Jodi=if danob=demon
   kahaniba=someday hoi=becomes >

Laj pabo kunenu kowa, xomoniya < laj=shame, embarrassment pabo=will get
   kunenu=who it is that kowa=say >

Kolkata: 1960 • Translation on page 28
• Assamese script on page 205

26
JONAKI PORUWA
Fireflies

Jonaki poruwar   < jonaki poruwar= fireflies >
Pohoray pohoray   < pohoray=In the light >
Pratibha Boruwai   < Pratibha Boruwai= A lady named
    Pratibha Boruwa. Perhaps it is symbolic of a young woman fighting alone, as Pratibha means gifted/talented >
Okole aguwai   < okole=alone   aguwai=moves forward >
Ekhuji dukhuji   < ekhuji= one step   dukhuji=two steps together
    means step by step >
Lajuki khujere   < lajuki=shy   khujere=steps >
Horinir lekhiya   < horini= deer   lekhiya= like>
Thomoki kiyoroi?   < thomoki=suddenly   kiyo=why roi=stops/halts >

Xiphalor pora kon   < xiphalor=otherside   pora=from   kon=who >
Diganta olalay   < Diganta=A boy's name; meaning horizon
    olalay=appeared >
Abegot Protibhak   < abegot=in passion   Protibhak=Pratibha >
Xaboti dhorilay   < xaboti=embrace dhorilay=held, together embraced >
Lajotay morohi jai   < lajotay=in embarrassment   morohi=wilt   jai=goes away >

Pratibha Baruwai
Amaloi to nasai   < amaloi=towards us   to=even   nasai=does not look >
Bandhu bola jao   < bandhu=friend   bola jao=let us go   >
Apon ghoroloi   < apon=own   ghoro=home   loi=to   >
Ki hobo guitar bojai   < ki =what   hobo=will happen,   guitar bojai = playing guitar >

Jonaki poruwar
Pohoray pohoray
Diganta Pratibha   < Diganta=Horizon   Pratibha=Talent/Gift. Names of boy
    and girl >
Rongotay aguwai   < rongotay=in joy   aguwai= move forward >

Kolkata, 1977• Translation on page 29
• Assamese script on page 206

27
KOTO JUWANOR MRITYU HOLE
Oh, So Many Are Dead...

Koto Juwanor mrityu hole   < koto=so many Juwanor=soldiers'
    mrityu=death hole=has happened >
Kar jibon joubon gole,   < kar=whose jibon=life joubon=youth
    gole=gone >
Xei mrityu oporajeyo   < xei=that mrityu=death oporajeyo=invincible >

Tene mritok noholu moi kiyo?   < tene=then mritok=dead
    noholu moi=didn't I become kiyo=why >

Henu himalay bharotor prohori   < henu=it is said that bharotor=India's
    prohori=sentinel >
Tahani xunisilu kahini   < tahani=long ago xunisilu=had heard kahini=story >
Pise mritok juwan xobe siyorisey   < pise=but mritok=dead juwan xobe=the
    soldiers siyorisey=screaming >
Lage sirojagroto eti bahini.   < lage=need sirojagroto=forever awake
    eti=one bahini=force >

Aji Kameng ximanto dekhilu   < aji=today Kameng=district ximanto=border dekhilu=(I/we) have seen >
Dekhi xotrur poxutto sinilu   < dekhi=seeing xotrur=enemies'
    poxutto=savagery sinilu=I have seen/recognized >
Aru mrito mouno xoto juwanole   < aru=and mrito=dead mouno=silent
    xoto=hundreds juwanole=to the soldiers >
Mor oshru onjoli jasilu   < oshru=tears onjoli jasilu= I have offered >

Koto pitri putro hara hole   < pitri=father putro=son hara=without
    hole=have become >
Kun matrir buku xuda hole   < kun=which matrir=mothers' buku=chests
    xuda=empty hole=have become >
Ronga xendur kar mosa gole   <ronga=red xendur=vermillion=of Hindu
    married women kar=whose mosa=wiped gole=got >
Kar baxona opurno role   < baxona=desire opurno=unfulfilled
    role=remained >
Proti juwan roktore bindu   < proti=every juwan=soldier
    roktore=of blood bindu= point >

continued on page 117

27 KOTO JUWANOR MRITYU HOLE
OH, SO MANY ARE DEAD...
continued from previous page

Hol xahoxore ononto xindhu   < hol=have become xahoxor=of courage
    ononto=endless xindhu=the river Sind >
Xei xahoxor durjjeyo lohore   < xei=that xahoxor=of bravery
    durjjeyo=invincible lohore=waves >

Jasile protigya joyore   < jasile=offered protigya=promise
    joyore=of victory >

Aji Kameng ximanto dekhilu   < aji=today Kameng=district
    ximanto=border dekhilu=(I/we) have seen >
Dekhi xotrur poxutto sinilu   < dekhi=seeing xotrur=enemies'
    poxutto=savagery sinilu=I have seen/recognized >
Aru mrito mouno xoto juwanole   < aru=and mrito=dead
    mouno=silent xoto=hundreds juwanole=to the soldiers >
Mor oshru onjoli jasilu   < oshru=tears onjoli jasilu= I have offered >

At Bomdila near the Sino Indian border, 1962 • Translation appears on page 30
• Assamese script on page 207

28
CHITRALEKHA
The Lady With the Brush

Chitralekha chitralekha   < Chitralekha=a mythical female artist=painter >
Chitra ekhon aakana   < chitra=picture ekhon=one aakana=please draw >
Chitrapotot chintaxil ek   < Chitrapotot=in the picture, canvas chintaxil=thoughtful >
Chinta nayak Aakana   < chintanayak=philosopher >

Jonojibonor rong xukula   < jonojibon=public life rong=color xukula=white >
Monojibonor gobhir nila   < monojibon=the inner life   gobhir=deep nila=blue >
Patro duti xojai lowa   < patro=container duti=two xojai lowa=arrange >
Duyuti rong milai lowa   < duyuti=both rong=colors milai lowa=blend >

Tulika tuli lowana   < tulika=paint brush tuli lowana=pick up, please >

Eti duti rekhare xabodhanotare   < eti duti=one, two rekhare=with lines xabodhanotare=carefully >
Noyon aka doorodorxi   < noyon=eyes aka=draw doorodorxi=farsighted >
Onagoto dinor obhinobo puwa   < onagoto=coming dinor=days' obhinobo=never before puwa=morning >
Xima oximor xima buji powa   < xima=border oximor=of limitlessness buji puwa= to understand >
Bokhyo ekhon aaki diya < bokhyo=breast, heart ekhon=one aaki diya=draw >
Lokkhojone lokhyo powa   < lokkhojone=millions lokhyo=goal powa=getting >
Tulika tuli lowana..   < tulika=paint brush tuli lowana=pick up=please >

Kolkata, 1968 • Translation appears on page 31 • Assamese script on page 208

29
EITIBA KON ULALE
Look, Who's Here

Eitiba kon olale   < eiti=this kon=who   olale=has appeared >
Xingho keni lokale   < xingho=lion keni=which way lokale=has hidden >
Negur kota shrigal aji   < Negur=Tail kota=chopped off shrigal=fox aji=today >
Rajxobhaloi jai   < Rajxobha=Royal court jai=goes >

Popiya tora olale   < popiya tora=comet >
Xuruj keni lokale   < xuruj=Sun >

Toposhwi biral aji   < toposhwi=meditating biral=cat >
Namghoroloi jai   < namghoroloi=to the temple jai=goes >

Gorddobhore nripoti gorddobhe xobhe < gorddobh=donkey nripoti=king
    xobhe=adorn >
Nyai eri nripoti more oti loabhe < nyai=justice eri=leaving more=dies
    loabh=greed >

Kawri xojau jodi gojoraj muktare < kawri=crow xojau=decorate jodi=if
    mukta=pearl >
Tar thoat jodi jilikau xuborno manikere < tar=its thoat=beak jilikau=make shine
    xuborno=gold manik=ruby >
Tothapi kawri janu rajxongxo hoi < tothapi=still rajxongxo= swan
    hoi=is, becomes >

Raij Jodi roja hoi, nripotinu kun < raij=the people roja=king nripoti=king
    kun=who >
Dexkhon besota, ei bodontinu kun < dexkhon=the country besota=seller
    ei=this Bodon=name of an actual traitor >
Tej xoha jok jano, mohapurux hoi < tej xoha=blood sucking jok=leech mohapu-
    rux=greatman >

film: moniram Dewan, 1963 • Translation on page 32
• Assamese script on page 209

30
XUWORONI KUWOLIYE
MISTY MEMORIES

Xuworoni Kuwoliye   < xuworoni=memories kuwoliye=mist, fog >
Siyori siyori koi   < siyori=screaming koi=tells, says >
Otitor xeemarekha nai   < otit=past xeemarekha=borderline nai=no >
Xomukhotu dekhu aji   < xomukhotu=in the front dekhu=I see aji=today >

Puroni bagori pore   < puroni=old bagori pore=rolls over >
Notune mathu ringiyai   < notune=new mathu=only ringiyai=calls from afar >

Jibonor baat-tit eri oha khojbur   < jibonor=of life Baat-tit=on the road
        eri oha=left behind khojbur=steps >
Nite mose jen dhumuhai   < nite=daily mose=wipes, erases jen=as if
        dhumuhai=storm >
Misaye ubhoti sai pahora geet-ti gai   < misaye=in vain ubhoti sai=looking back
pahora=forgotten geet-ti=the song gai=singing >
Deha mor bhagorihe jai   < deha=body mor=my, mine bhagorihe jai=gets tired >
Kiba jen bisari herowalu porisoi   < kiba=something bisari=searching
herowalu=I have lost porisoi=Identity >
Porisitu atorihe jai   < porisitu=known, familiar atorihe jai=goes away >
Ajir xoatot bohi kalir xopun dekhi   < ajir=today's xoatot=current, flow bohi=sitting kalir= tomorrow's xopun=dream dekhi=seeing >
Axa mor nite barhi jai   < axa=hope(s) mor=mine barhi jai=increases >

Guwahati, 1948 • Translation on page 33
• Assamese script on page 210

31
NEKANDIBA
Please Do Not Cry

Hey nekanda...   < hey=hey   nekanda=don't cry >
Nekandiba nekandiba more notun koina   < more=my notun=new   koina=bride >
Pahar bogai dhori anim tumi khuja moina   < pahar=hills bogai=climbing
                                                                              Moina=mynah >
Moina nekandiba koina   < nekandiba=don't cry >

Anore xun lukuwaboloi pitaye xikhya nidile   < anore=others' xun=gold
    pitai=father >
Xomajor dhon san kariboloi aye xikhya nidile   < xomajor=society's dhon=wealth
    san karhiboloi= pilfer aye=mother   xikhya nidile=didn't teach >
Kuberoru po noholu moi diboloi xun gohona   < Kuberoru po= Kuber's son
    noholu moi=I am not diboloi=to give   xun=gold gohona=jewelries >
Pahar bogai dhori anim eti jiya moina moina   < eti=one jiya=live, living   >
Moina nekandiba koina.

Dhonir ghorot pora heten aji tumi koina< dhonir ghorot pora heten=had you been
    married into a welthy home aji=today tumi koina=you bride >
Pera bhorai moni keru palaheten kotona < pera bhorai=chest full moni keru
    /beads earings palaheten=you would have gotten kotona=how many >
Pahoribo khuja Jodi petor bhukor jatona < pahoribo khuja=want to forget jodi=if
    petor=of stomach bhukor jatona=hunger pain >
Dekhuwabo paru moi konxobodhor bhaona   < dekhuwabo paru moi=I can show
    Bhaona=Mythological play >
Bhaona nekandiba koina

Anok mari dhon xasiboloi guruwe xikhya nidile < anok mari=killing others
    dhon=money xasiboloi=to save guruwe=teacher xikhya nidile=didn't teach >
Mithatelot bih dhaliboloi guruwe xikhya nidile < mithatelot=in mustard oil
    bih=poison dhaliboloi=to pour >
Agoli banhore lahori gogona   < agoli banhore=bamboo lahori gogona=A musical
    instrument >
Xunibo khujisa tumi bojai xunam moina < Xunibo=to listen khujisa tumi=you want
    bojai xunam=will play >

Moina nekandiba koina

Golaghat, 1961 • Translation on page 34 • Assamese script on page 211

32
BIDEXI BONDHU
Foreign Friend

O Bidexi bondhu, durbhogiya   < bidexi=foreigner durbhogiya=unfortunate >
Aji kiyonu bondhu okolxoriya   < aji=today kiyonu=why bondhu=friend >
    okolxoriya=alone/lonely >
Protidhwoni xunu kandunor   < protidhwoni=echo xunu=I hear
    kandunor=of crying >

Premor xagore jahaj melili   < premor=love xagor=sea jahaj=ship >
Nepali kunu bondor   < nepali=(you) did not get kunu=any bondor=port >
Xoru saknoyate bondi holi   < xoru=small saknoya=whirlpool
    bondi=prisoner >
Heruwali tur longor   < heruwali=(you) have lost tur=your longor=anchor >

Siro xeujot sameli dekhili   < siro xeuj=eternal green
    sameli/chameli=a flower >
Oti monumugdhokor < oti=a lot, so monumugdhokor=attractive to the mind >
Liriki bidari xugondhi loutei < liriki bidari=fiddling xugondhi=sweet smelling >
Sameli holegoi por...   < holegoi=became por=other >

film: Chameli Memsa'b, 1975 • Translation on page 35
• Assamese script on page 212

33
XOMOYOR OGGROGOTIR
On the Winged Horse

Xomoyor oggrogotir < xomoy=time oggrogoti=progress, forward >
Pokhirajot uthi < Pokhiraj=a mythical winged horse >
Jao moi < jao moi=I go >
Notun digontoloi < notun=new digonto=horizon loi=to >
Hahi mukhe hahi mukhe < hahi=smile mukh=mouth/face
    hahi mukhe=with smiling face >

Jyotik xirot tuli < jyoti=light xirot=on head tuli=lifting >
Ahe din baje bin < ahe=comes din=day
    baje=plays bin=veena/a string instrument >
Niraxabihin < niraxa=hopelessness bihin=without, lack of >
Nai akhyep kunu < nai=no, there isn't akhyep=regret >
Puwa nupuwar <puwa nupuwar= of what has been,
    received and not received >
Xonmukhot puhoror < xonmukh=front puhoror=of light >
Jolonto jowar < jolonto=burning jowar=tide >

Xotyok xarothi kori < xotyo=truth xarothi=charioteer, guide >
Ahe din jai din <ahe=comes din=the day jai=goes din=the day>
Birambihin < birambihin=without rest >
Uronto mone mor < uronto=flying mon=mind mor=mine >
Namane hengar < namane=does not follow or care hengar=obstacle >
Hengarei kore muk < hengare=obstacle(s) kore=does muk=me >
Mitha upokar < mitha=sweet upokar=favor >

Xundor xurjyo dhiyai < xundor=beautiful, gorgeous xurjyo=sun
    dhiyai=meditating on>
Nase mon nase pran < nase=dances mon=mind pran=life, breath >
Axonkabihin < axonkabihin=without fear >
Jiwonto xure mor tole jhonkar < jiwonto=lively xur=tune tole=raises/makes
    jhonkar=a combined musical sound >
Gorhi nobo utxo gitika gowar < gorhi=building nobo=new utxo=source
    gitika=song gowar=to sing >

Kolkata: 1968 • Translation on page 36 • Assamese script on page 213

34
ANOR KARONE JIBON XOLITA
How Long Will Your Life's Candle...

Anor karone   < an=other(s)   karone=for/reason>
Jibon xolita   < jibon=Life   xolita=wick >
Kiman jolaba Aru   < kiman=how much, how long >
Aru kiman baki ase   < aru=and   kiman= how many   baki=remain ase=is/are >

Anor karone
Kolijar tej   < kolija=liver, heart   tej=blood >
Kiman dhaliba aru   < dhaliba=(you) will pour >
Aru kiman baki ase

Nijor karone bhabiboloi ahori   < nij=self   bhabiboloi=to think   ahori=leisure >
Nai nai nai tomar   < nai=no, absent   tomar=you/yours >
Xuworalu xotonbar   < xuworalu=(I) reminded   xoto=hundred   bar=times >
Proti uxa xonitere   < proti=every   uxa=dawn, early morning   xonit=blood >
Koto pot aka   < koto=how many   pot= scenary /picture/portrait >
Xei pote tomakei nikhxex kori nase   < xei=that/those
       nikhxex kori= ruining/finishing   nase=dance>
Anore karone kolijar rong   < rong=color >
Kiman dhaliba aru
Aru kiman baki ase.

film: Chikmik Bijuli, 1969 • Translation on page 37
• Assamese script on page 214

35
POROHI PUWATE
The Morning Before

Porohi puwate tulunga nawote   < porohi=day before yesterday   puwa=morning
      tulunga nawote=on a canoe>
Rongman masoloi gole   < Rongmon=man's name   masoloi=for fishing >
Masoke maribole nelage jabole   < mas=Fish   nelage=no need   jabole=to go >
Dhumuha ahibor hole   < dhumuha=storm   ahibor hole=about to come >

Korbat kenebake ghoriyale dhoribo   < korbat=somewhere   ghoriyal=crocodile>
Boi jabo tejore dhol   < boi=to flow   tejore=of blood   dhol=flash of flood >
Godhulir porote borhomputror majote   < godhuli=evening   por=time >
Rongmon naikia hole   < naikia=to vanish >

Hiyakhoni bhukuwai akaxole sai sai   < hiya=heart   bhukuwai=boxing/hitting >
Rohdoi bauli hole   <Rohdoi=woman's name   bauli=mad   hole=became >
O dhou jah gusi nixake neusi   < dhou=waves   jah=go   nixa=night
      neusi=overcoming >
Rongmonok anibor hole   < anibor =to bring >

Dhoubure xaboti rongmonor dehati   < xaboti=embracing   dehati=the body>
Parote xuwai thoi gole   < parote=at the river bank   thoi gole=left >
Porohi puwate...

Guwahati:1954 • Translation appears on page 38
• Assamese script appears on page 215

36
PAHAR BHOYAMOR XONGOM THOLITE
Where the Valley Met the Hills

Pahar bhoyamor xongom tholite   < pahar /hills bhoyam/plains, valley >
Bondhu ejon mor asile edin   < bondhu=friend >
Rodalire bhora xei   < rodali=sunshine >
Xonali xudin   < xonali=golden xudin=good days >
Ekeloge khela puwa godhuli bela   < puwa=morning godhuli=evening >
Xei xanto pahar   < xanto=peaceful, serene >
Xei dhoni nijorar   < nijora=stream >
Ekeloge bojaluje bin   <ekeloge=together bojalu/played bin/Veena, a string
    instrument >
Xon xori pora xonali xudin   <xon=gold xori pora /fallen >

Ukho ukho xalbonor   < ukho=tall   bon/forest, grass>
Sayar dexot < saya=shadow >
Megh aru kuwolir   < megh=clouds kuwoli=mist, fog >
Komal khelar   < komal=soft khel=play, game >
Mayar dexot   < mayar=of illusion >
Gundho barudor koto   < gundho=smell, odor >
Nihoto jonor   < nihoto jonor=killed ones' >
Kesa tejere dekhu   < kesa=raw tejere=with blood>
Prithivi rongin   < prithibi=earth rongin=colorful >
Keniba hai uri gol   < keniba=where uri gole=flew away>
Xonali xudin

Pahar aru luitor akax tolit   < Luit=the river Brahmaputra >
Tumi bojuwa sifung bahir protidhwonit   < sifung=a tribal flute
    protidhwani=echo >
Tumi aru moi xomobhagi hoi   < xomobhagi=equal shareholder >
Punor any aha xonali xudin   < punor=once again >
Rodalire bhora xei   < rodalire=with sunshine bhora=full >
Xonali xudin.

Kolkata, 1989 • Translation on page 39
• Assamese script on page 216

37
BHORIR TOLUWAR PORA
IF YOU FEEL THE GROUND DISAPPEARING

Bhorir toluwar pora Jodi dhorakhon   < bhori=feet toluwar pora =from the sole Jodi=if dhorakhon =the earth >
Khohi khohi pora jen lage   < khohi pora= to collapse, fall jen lage = seems like >
Til til koi Jodi nijorei ghorkhon < til til =bit by bit nijorei=own ghorkhon=the home >
Karubar duxotei bhage   < karubar for someone's duxotei =fault bhage=breaks >
Punor gorhiba tumi he bandho   < punor =again gorha =build tumi he bandho=you O friend >
Punor gorhiba tumi   < punor gorhiba tumi=you will build again >

Jodi poriyale tomar xongo ere   < poriyal= family tomar=your xongo ere =leave company >
Tumi okolxoriya huwa   < okolxoriya=lonely huwa =become >
Jodi xotkam kori kori xonxar xojaleu   < xotkam=good,honest work kori kori=doing xonxar=life xojaleu=even if decorate >
Opojox pode pode puwa < opojox= ill repute pode pode=every step puwa=(you) get >
Punor xojaba tumi he bandho   < punor again xojaba=decorate >
Punor xojaba tumi

Xantik kori luwa tomar grihini   < xantik kori luwa=make peace tomar grihini = your homemaker >
Dhorjyo hobo lage pitri   <dhorjyo patience hobo lage=should be pitri=father >
Doya hobo lage moromi bhogini   <doya= kindness, compassion bhogini=sister >
Khyoma hobo lage dhatri   < khyoma= mercy dhatri =foster mother >
Axa hobo lage tomar xohudor   < axa=hope xohudor= children from the same mother >
Xongram hobogoi matri < xongram =struggle hobogoi=will be matri=mother >

Jodi bisonar obhabot akaxor tolote   < bisona= bed obhabot=want of akaxor tolote=under the sky>
Bagori poribo lage   < bagori poribo=to lie down >
Jodi posakor obhabot xomoyor rongoke   <posak =clothing xomoyor rongoke =colors of time >
Meriyai lobogoi lage   <meriyai lowa =to wrap around lobogoi lage =should take>
Takei koriba tumi hahimukhe   < takei koriba=do that only xahimukhe=with a smiling face >
Takei koriba tumi   <tumi = you >

film: Dhormokai, 1977 • Translation on page 40
• Assamese script on page 217

38
MUKTIKAMI LOKHYOJONOR
Can You Hear the Muted Cry of the Silent Millions

Muktikami lokhyojonor < muktikami= freedom desiring
 lokhyojonor=of million people >
Mouno prokax xunisane nai   < mouno= silent prokax=expression
 xunisane nai= have you heard or not >
Jibon akaxot notun xahoxor   < jibon=life akaxot=in the sky notun=new
 xahoxor=of courage >
Porise jyoti dekhisane nai < porise=fallen, shed Jyoti=light dekhisane nai=have
 you seen or not >
Kiman pala nepala kima < kiman=how much pala=(you) got nepala=(you) didn't
 get >
Hisap nokorila kunu khyoti nai   < hisap=accounts nokorila=did not do
 khyoti=loss >
Ahise xomoy gononaru din   < ahise=coming xomoy=time gononaru=of
 counting din=days >

Koriba prokax kunu trax nai < koriba=do prokax=express
 kunu trax nai=there's no fear >

Kal ratrir bukute lukai   < kal=doomed ratrir=of night bukute=in the chest
 lukai=hidden >
Asei probhat bujilane nai < asei=there is already probhat=morning
 bujilane nai=have you understood or not >
Ruddho dare unmukto bayuk   < ruddho=closed unmukto=free >
Xoda kore bhoi bujilane nai   < xoda=always kore= do, does bhoi= fear >

Jibon xindhur proti bindut   < jibon=life xindhur=sea/river of life xind
 proti=every bindu=point >
Uthise jowar bhangi parapar   < uthise=rising jowar=tide bhangi=breaking
 parapar=all banks >

continued on next page

38 MUKTIKAMI LOKHYOJONOR
Can You Hear the Muted Cry of the Silent Millions
Continued from page 128

    Mohaxunyor protitu dixot   < mohaxunyor= great void, sky protitu=every
        dix=direction >
    Xunisane nai axar hunkar   < xunisane nai have you heard or not axar=of hope
        hunkar=roar >

    Jiman para howa ogrogami   < jiman=as much para=(you) can howa=be
        ogrogami=forward-moving >

    Noroba kinchit kunu labh nai < noroba=don't stop kinchit=a bit
        Kunu=no labh=gain >
    Dhonxokarik porasto kora   < dhonxokari=destroyer porasto=defeat kora=do >
    Xanti jujor kunu khyoi nai   < xanti=peace jujor=of battle Kunu=no khyoi=loss >

    Kalratrir bukute lukai

    Asei probhat bujilane nai

    Raij xinghok xrinkhol srigale   < raij=people xingho=lion xrinkhol=chained
        srigale=fox   >
    Xoda kore bhoi bujilane nai   < xoda=always kore=do bhoi=fear >

    Muktikami lokhyojonor   < muktikami=freedom desiring
        lokhyojonor=of millions of people >

    Mouno prokax xunisane nai   < mouno=silent prokax=expression
        xunisane nai=have you heard or not? >

Kolkata: 9th Sept, 1975 • Translation on page 41
• Assamese script on page 218

39
XOTIKAR ROOP KHEDU
I Pursue the Vision

Xotikar roop khedu   < xotika century   roop vision=image >
Kiba jen bisari   <kiba =something jen bisari=as if searching >
Khoj mor nite aguwai   < khoj=step mor=mine nite=daily
    aguwai=moving forward >
Misa endhare soku bhagorai   < misa=fake endhare=darkness soku=eyes
    bhagorai=tires, exhausts >
Bukur pohorore xikha barhi jai   < bukur=of chest pohorore=with light
    xikha=wick barhi jai=goes increasing >

Digboloyor batere   < digboloyor =of horizon batere=by the way >
Bogakoi monbog   <bogakoi =white looking monbog=the mind-bird >
Kuwoli phali uri jai   < kuwoli =fog phali=tearing, separating
    uri jai=goes flying >
Xotikar jyoti bole   < xotikar=of century Jyoti=light bole=blows >

Xagoror hillole   < xagoror =of sea   hillol =waves >
Monore roth mor niye korhiyai   < monore=of mind roth=chariot niye=takes
    korhiyai=carrying >

Kobitar konikai   < kobitar=of poem konika=droplet, particle >
Jilikoni sotiyai   < jilikoni=glimmer sotiyai=sprinkling >

Jibonor bat mor dile pohorai   < jibonor=life's bat=path mor=mine dile
    pohorai=has enlighten >

Jibonor kotha bhabi   < jibonor kotha=about life bhabi=thinking >

Moronok moximuri   < moronok=death moximuri=destroying >
Xenduri alire mor   < xenduri alire mor=my crimson path >
Khoj aguwai...   < khoj=steps >

New York: 1950 • Translation appears on page 43 • Assamese script on page 219

40
JIBONTORE KANDUNKHINI
The Tears, I Have Saved Only For Myself

JJibonture kandunkhini   < jbonture=life's   kandun=cries, sobbings >
Nijei xasi tholu   < nije= self   xasi=to save   tholu=kept >
Jibonture hahikhini   < hahi=smiles, laughter>
Bilai bilai dilu   < bilai= spread   distribute   dilu=gave >
Shrota bondhu tumiu okon lowa   < shrota=listener   bondhu=friend   tumiu=you also   okon lowa=take little bit >

Hahikhini paborbabe bohut kandilu   < hahikhini=the smiles   paborbabe=to get   bohut=a lot   kandilu= (I) cried >
Maje maje kandi kandi nijei hahilu   <maje maje=in between   kandi=crying   nijei=myself   hahilu= (I) laughed >
Bohut kandun olop hahir aye jibon mela   < bohut=much   kandun=crying   olop=little   hahir=of smiles   aye=this is   jibon=life   mela=market, fair >
(Xeye) jibonture hahikhini bilai bilai dilu   < xeye=that's why   Hahikhini=laughters >
Shrotabondhu tumiu okon lowa

Bondhu tumi hoitu pala   < bondhu=friend   tumi=you   hoitu=perhaps   pala=got >
Mathu obohela   < mathu=only   obohela=neglect   mor=mine   olop=little   hahir=of smiles, laughters >
Xeye mor olop hahir
Onxo tumiu pala   < onxo=part   tumiu=you too   pala=got >
Hejar mukhot xukhor hahir xopun dekhilu   < hejar=thousand   mukhot=on faces   xukhor=of joy, comfort   hahir=smiles   xopun=dream >
Hejar jonor bejar dekhi protigya korilu   < hejar=thousand   jonor=people's?   bejar=sadness   dekhi=seeing   protigya=promise   korilu=did >
Olop kandun bohut hahir patim moyu khela   < olop=little   kandun=cries   bohut=a lot   hahir=smiles'   patim=organize   moyu=me too   khela =games >
Xeye jibonture hahikhini bilai bilai dilu
Shrota bondhu, tumiu okon lowa.

Kolkata: 15th August, 1964 • Translation appears on page 44
• Assamese script on page 220

41
KOHUWA BON
Kans Grass

Kohuwa bon mor oxanto mon < kohuwa bon=kans grass mor=mine oxanto= restless mon=mind >

Alphul hatere lowa xaboti < alphul =delicate hatere=with hands lowa=take xaboti=embrace >
Eti eti khyon jen mukutare dhon < khyon =moment mukutare=pearly dhon =wealth >
Eneye heruwale nahe ubhoti < eneye=for nothing heruwale=if lose nahe=won't come ubhoti=return, back >

Nila akaxor ekuti tora < nila =blue Akaxor=sky's Ekuti=each one Tora=star >
Hothate khohi xabote dhora < hothate=suddenly khohi= crumble xabote=hug dhora=earth >
Ghitmit endharor nimat rati < ghitmit=pitch black endharor=of darkness nimat =silent rati=night >
Eti eti khyon jen eti eti pon < eti khyon=one moment jen eti=as if one pon=pledge >
eneye heruwale nahe ubhoti< eneye=for nothing heruwale=if lose nahe=won't come ubhoti =back >

Puwoti nixar xopun dekhi <puwoti nixa= the moment before dawn xopun=dream dekhi=seeing >
Dekhiyu nedekhilu xei khyonti < dekhiyu=inspite of seeing nedekhilu=didn't see xei khyonti=that moment >
Ononto xomoyor xagorkhonir < ononto=endless xomoyor=time's xagorkhonir=the sea >

Sonchol kolahole bhange ghumoti < sonchol =restless, energetic kolahole=noise bhange=breaks ghumoti =sleep >
O boliya mon kiyo usaton < boliya=crazy mon=mind kiyo=why usaton=restless >
Kalir xuruje ani dibo puwoti < kalir=tomorrow's Xuruje=sun ani dibo=will bring puwoti=the dawn >

film: Puwoti Nixar Xopun, 1959 • Translation on page 45
• Assamese script on page 221

42
TUMIYE MOR
You: Doe-Eyed Beauty Of My Dreams

Tumiye mor kolponare horininoyona   < tumiye=you only
   kolponare=imagination's horininoyona doe-eyed woman >
Tumiye mor jibonore modhur alpona   < jibonore=life's modhur=sweet
   alpona=decorative art >
Tomar babei morei xuror kotona murchona < tomar babei=for you only morei
   xuror=my tune's kotona=how many murchona=melodic modulations >
Tumi janane nejana < tumi =you janane nejana=do you know or don't know >
Tumi janane nejana

Jibon ronangonot tumi xahoxore tirthobhumi < tirthobhumi =pilgrim centre >
Porajoyor niraxatu tumiye xantona   < porajoy =defeat xantona =solace >
Tumi janane nejana   < tumi jana = you know ne=or >
Tumi janane nejana   < nejana=you don't know >

Jibon bonor gobhirotat utxo tumi xeujore < bon= forest utxo =source
   xeuj= greenery >
Xei xeujor xondorotau tomar hanhire <xundorotau=the beauty too >
Bharotore purbakaxor jeuti tumi noxurujor<Bharotore=India's purbakax =eastern
   sky >
Tomar pohor obihone britha porikolpona   < pohor=light obihone=without britha=
   in vain porikolpona= planning >

Tumi janane nejana
Tumi janane nejana

Kokata: 1958 • Translation appears on page 46
• Assamese script on page 222

43
XONGRAMO LOGNE AJI
IN THIS MOMENT OF STRUGGLE

Xongramo logone aji   <xongramo logone=moment of struggle aji=today >
Xonka traxo tyaji   < xonka= apprehension=fear trax= terror >
Aixo biroxobo duskriti naxite   < birxobo =all the warriors=heros
    naxite=to destroy>

Ognimontre dikhya loiya aixo   < ognimontre=oath by the fire >
Aji joto doityoke bodhite   < doityo=demon bodhite=to kill>
Nyayo tontre xikhya loiya aixo   < nyayo=justice >
Aji joto poxutto rudhite   < poxutto= bestiality, rudhite=to stop >
Xastange koruhu pronamo < xastange= prostration koruhu=do >
Matri soronote   < matri soronote=at mother's feet >

Xonore oxomi matri nakanda nakanda   < xonore oxomi =golden Assam >
Kene kanda obhagiro dore   < obhagi= unfortunate woman >
Putro ase, ase konya   <putro=son ase=there is konya=daughter >
Ratri dine sinte xobe   <ratri dine=day and night sinte=thinks
    xobe=everyone >
Thapibo anondomela aji turo ghore   < anondomela funfair=celebration >
Kene kanda obhagiro dore   <kene=why kanda=cry obhagiro dore=like an
    unlucky woman >

Roope gune xomo nahi   <roope=in beauty gune=in virtue xomo=equal
    nahi=none exists
Troilukyo bhitore   < troilukyo =in the three worlds >
Kene kanda obhagiro dore

Oxomi ai mor   <oxomi =Assam ai=mother mor=mine >
Oti bhoyonkor   < oti=too much bhoyonkor=terrible >
Rakhyoxor karone bhoye nokoriba   < bhoy= fear >
Amaru hengdan ase   < amaru=we also hengdan= sword >
Oti nisthur kalxorpor karone bhoye nokoriba
Amaru montro ase   < montro =magic charms >

He amaru dusokut ogoni boroxise   < ogoni= fire >
Xomoror xikhabur nase   < xomororu=of battle's xikhabur=the flames
    nase=dance >
Xomoror xikhabur nase

film: Moniram Dewan, 1963 • Translation appears on page 47
• Assamese script on page 223

44
MOI JEN AJIBON
Wandering Bee

Moi jen ajibon uroniya mou< moi=me, I jen=as if ajibon=entire life mou=bee >
Jirabor nai toru treen < jirabor=to rest nai=there isn't toru= tree treen= grass >
Jironiya mou dekhi   <Jironiya mou=resting bees dekhi=seeing >
Bhabu ekudin   <bhabu= I think ekudin=somedays >
Moi kiyo thikonabihin   < kiyo=why thikonabihin =without an address >
Thikonabihin

Koto rox suhilu obhijat kuxumor < koto=how much rox=juice suhilu=sucked
   obhijat =noble >
Bonphule jasile bhoral roxor< bonphule=wild flowers jasile=offered
   bhoral=storehouse roxor=of juice >
Tita rox gutalu mitha buli   < tita=bitter mitha =sweet >
Tomar roopor rox tulonabihin   < tulonabihin= nonpareil >
Tulonabihin

Moi baru uroniya mouwei holu   < uroniya flying=airborne >
Mor janu jirabor nai odhikar
   < odhikar= right >
Jironi lou Jodi tomar treenot   <jironi lou jodi= if I take rest >
Nejanu khyoti ki hoi karubar   <Nejanu=don't know khyoti ki=what loss
   hoi=happens karubar=someone's >

Edin koisila mor hoba xekh thikona   < hoba=(you) will be xekh= last
   thikona= address >
Xosa nokorila ei kolpona< xosa=true, reality nokorila=didn't do kolpona aspira-
   tion, hope, imagination >
Xonchito mou dhorat sotiyai
   < Xonchito=saved dhorat=in the world >
Uri uri hoi jam jyotite bilin   < uri flying hoi jam=I will be>
Jyotite bilin
   <jyotite=in the light bilin=merge >

Kolkata: 1975 • Translation appears on page 48
• Assamese script on page 224

45
MOI JETIYA
When I Leave this World...

Moi jetiya ei jibonor   < jetiya= when >
Maya eri gusi jam   < maya = illusion >
Axa koru mor sitar kaxot   < tomar = your   xohari =response >

Nelage mok xuworoni xobha < nelage= don't need xuworoni =remembrance
    xobha =meeting >
Nelage misa nam   < misa = fake   nam = name>
Tomar etupi sokulu palei   < etupi = a drop sokulu tears >
Moi pam mor dam   < moi pam= I will get dam =price >

Xomuhor babe geet gai gai   < xomuh = common people, public   gai gai = singing >
Tomak pahori golu   < pahori =forgotten >
Xeyehe hobola bhor jibonote < xeyehe =that's why hobola = perhaps bhor jibon=
    prime of life >
Tomaku heruwalu   < heruwalu=lost >

Xei khyubhe mok dohise ajiu   < khyubh =regret, anguish >
Xanti kotenu pam   < xanti=peace kotenu=where>
Tomar etupi sokulu palei
Moi pam mor dam

Mor jibonor xongramkhini   < xongram =struggle >
Fohiyai sale pam   < fohiyai suwa= to analyze >
Tumi nidiya morom khinite   < nidia morom = the love that wasn't given >
Asile xorogi dham   < xorogi =dham paradise >
Xei xorogi dhamkhoni moi
Tomar bukute pam   < buku chest=heart >
Tomar etupi sokulu palei
Moi pam mor dam

Kolkata: 9th Feb, 1978 • Translation appears on page 49
• Assamese script on page 225

46
O XUR KHELIMELI HOLE
WHERE HAS THE COWHERD GONE?

O xur khelimeli hole   < o=o xur=tune   khelimeli= going haywire
       hole=has become/gone/finished >
Gorokhiya keni gole   < gorokhiya = cowherd   keni gole= went which way >
O gorokhiya keni gol   < keni = which way >

Udong pothar udong monor   <udong =open, vacant   pothar=paddy field
       monor=of mind >
Gorokhiya keni gole
O gorokhiya keni gole
Udong kora monore morom   < morom = love, affection >
Bukute baji role   < buku = chest   baji=playing   role=kept on >
Gorokhiya keni gole
O gorokhiya keni gole

Lo lo lo lo lo lo loh   < lo lo lo = like tra la la..>
Tihit tihit   < tihit= no meaning, just to express the movement of the fingers >
Tiniti anguli lora   < tiniti = three   anguli=finger   lora = move >
O tiniti anguli lora

Kune hori nile   < kune = who   hori = kidnap, steal >
Mohini dekatu   < mohini deka= charming youth >
Xokolure mon hora   < xokolure=everyone's mon=mind >
O xur khelimeli hole   <xur = tune   khelimeli= going haywire >
O gorokhiya keni gole

Udong xuriya jibon juriya   < jibon juriya =entire life, conjugal life >
Jonom bifole jai oi   < jonom = birth   bifol =failure, fruitless >
O jonom biphole jai   < biphol jai= has gone to waste >

Moscow, 1955 • Translation appears on page 50
• Assamese script on page 226

47
JAGROTO MANUHOR SA
Shadows of Man Awakened

Jagroto manuhor sa dekhi kiyo   <jagroto =alert, awake sa =shadow >

Dine ratiye usop khuwa   < usop =startle >

Aloxuwa akaxot kuwolir mukha pindha   < aloxuwa= delicate
    kuwoli =mist, fog mukha =mask >

Ramdhenu kelei khedi jowa < ramdhenu =rainbow kelei = why khedi =chase >

Dhulir dhorat jibonor xorog upoje < dhuli =dust dhora =earth xorog =heaven>

Natun rohon powa < notun =new rohon =color, tinge >

Alitir axepaxe manuh dekhiba   < ali =road axepaxe = vicinity, near
    manuh=man, men >

Podaghat neusi jowa   < podaghat= stamp, kick >

Notun mousumir boroxun porise   < mousumi =monsoon >

Xukan dhoronit sowa   < xukan =dry, arid >

Jugor kothiya dhorat nasise < jug= Age, Time kothiya =saplings nasise = dancing>

Takehe xaboti lowa   < takehe =only that xaboti lowa= embrace >

Moscow, 1955 • Translation appears on page 51
• Assamese script on page 227

48
BIMURTTO MOR NIXATI
This Formless Night

Bimurtto mor nixati jen   < bimurtto = abstract, formless   nixati = the night
    jen = as if >
Mounotar xutare bowa   < mounota = silence   xuta = tread   bowa = woven >
Ekhoni nila sador   < ekhoni = one   nila = blue   sador = shawl >
Tarei eti mitha bhajot   < tarei = of that   eti = one   mitha = sweet   bhaj = fold >
Nisshaxore um   < nisshax = breath   xore = of   um = warmth >
Aru jiya jiya ador   < aru = and   jiya = living   ador = affection >
Ekhoni nila sador

Kamonare tejronga   < kamona = passion   tejronga = bloodred >
Ajir gobhir gorbhote   < ajir=today's   gobhir = deep   gorbho=womb >
Nirob morom barixa   < nirob silent   morom=love   barixa= monsoon>
Bohut xaun bhado   < xaun bhadon= two months of monsoon >
Tarei eti mitha bhajot
Nisshaxore um   < nisshaxor = of breath >
Aru jiya jiya ador   <aru = and   jiya =alive >
Ekhoni nila sador

Xori pore protyaxito   < xori =drops < pore=falls   protyaxito= expected >
Osphut ek protidhoni   < osphut= inaudible   protidhoni = echo >
Xadori mator   < xadori=loving   mat=voice >
Tair xadori mator   < tair = her >
Poridhibihin xongommukhi   < poridhibihin =borderless   xongom = union
    mukhi = towards >
Nirmol duti oth   < nirmol = pure   duti = two   oth=lips >
Kompono kator   < kompon= shake   kator = desperate >

Niyom bhongar niyom i je   < niyom= rules   bhongar= breaking   i je = this >
Niyomakankhi bator   < niyom = rule   akankhi= desiring   bat = road >
Komal aghat protiaghat   < komal = soft   aghat=injury   proti = counter >
Nila nixar nator   < nila = blue   nixar=night's   nator=of drama >

Duror arttonador nodit   < duror = distant   arttonad =painful screams
    nodi= river >
Krondon kunu ghator   < krondon crying   kunu= some   ghat= bank >
Bhrukhyep nai lobhisu moi   < bhrukhyep= attention   nai=no   lobhishu = getting >
Alingonor xagor   < alingon=embrace   xagor=sea >
Tarei eti mitha bhajot
Nisshaxore um
Aru jiya jiya ador.

Kolkata: 1971 • Translation appears on page 52
• Assamese script on page 228

49
XOBDO ARU XUROR PRITHIBIT
In the World of Sound and Music

Xobdo aru xuror prithibit   < xobdo=sound , word   xur = tune prithibi = world >
Dhemali korilu nana mudrare   < dhemali=play   korilu = I did   nana = various mudra = gesture >
Niranonde aru mohanonde moi   < niranonde = without happiness mohanondo = utmost happiness >
Xotyok fohiyalu jibon bodhere   < xotyo=truth   fohiyalu=analyzed jibon = life   bodh = understanding >

Moi jiyai asu xomoyor age age   < moi jiyai asu = I am living xomoy = time   age = ahead >
Atmoprotyoyor babe   < atmoprotyoi = self-conviction   babe=for, due to >
Xadharonor majotei thakim   < xadharon=ordinary   majot = amidst thakim = will stay >
Oxadharon bhabe   < oxadharon = extraordinary >
Mor ganor xobdo, otike xohoj   < mor ganor xobdo = the words of my song otike = very   xohoj =simple >
Roxal matir xuror   < roxal =fertile, juicy   matir xur = earthy tune >
Mukto akax mukto prithibi   < mukto= free   akax=sky   prithibi=earth >
Mukto xagor lohor   < xagor=sea   lohor=waves >

Bortoman prithibir bhixon oxukh   < bortoman= present, now   oxukh=sick prithibi = earth   bhixon = very > <oxukh = sick >
Soudixe dekhu xonghat   < soudixe = in every direction   dekhu = see xonghat=conflict >
Protijone gao aha xantir gan   < protijone = everyone   gao aha=let's sing xanti=peace   gan=song >
Ani jibonor jyotipropat   < ani=bringing   jibonor=life's   jyotipropat=lightning >

Mumbai, 6th March, 2003 • Translation appears on page 53
• Assamese script on page 229

50
DIHINGE DIPANGE AJIBON GHURILU
I Had Wandered Afar

Dihinge dipange < dihinge dipange= aimless wandering >
Ajibon ghurilu < ajibon =lifelong ghurilu= (I) have wandered>
Jibonor tukari bai < jibonor = of life tukari =a musical instrument
    bai = play >
Xotika xexot thomoki sao je < xotika = century xexot =at the end of
    thomoki=halting sao= looking >
Moronor turon nai < turon= gate, arch nai= no >

Jibon golil <jibon = life golil = melted >
Moron golil < moron = death >
Kun je kahani jai < kun = who kahani =when jai =goes >
Dehototwor tottwo lukal < dehototwo = art of living tottwo = theory lukal = has
    gone hidden >
Manuhe manuhok khai < manuh = man/men khai = eats/eat >

Notun xotika ahilei dekhu < notun = new xotika=century dekhu = I see>
Arutu odhik por nai < aru = and odhik = more por = time nai = no >
Onitir xagorot dexkhon burise < oniti =lack of principles xagor=sea
    dexkhon = the country burise= has drowned >

Dhoribor trin kuta nai < Dhoribor = to hold trin kuta =blade of grass >
Mor oxomi < mor =my Oxomi = Assam state addressed like a lady >
Manuhe manuhok khai. < manuhe=men manuhok khai=eats men >
Moronor turon nai < moron=death turon nai = no arch >

- Translation appears on page 54
- Assamese script on page 230

51
AKAX XABOTI
Hugging the Sky...

Akax xaboti   < akax = sky xaboti=hugging >
Namilu xagorot   < namilu=got down xagorot =into the sea >
Bukut korhiyalu   <bukut=in the chest korhiyalu=carried >
Agneyogiri   < agneyogiri= volcano >

Xobdor boroxune   <xobdor =words' boroxun =rain >
Dhorile xaboti   < dhorile = held >
Konthot xuror   < konthot =in the throat xuror=tune's >
Ononto xuhuri   < ononto= endless xuhuri =whistle >

Ontohin trixare   < trixare =with thirst >
Ghurilu phurilu   < ghurilu phurilu= wandered around >
Khuli dilu mor   < khuli dilu =opened up >
Jibon xofura   < xofura =chest, box, coffer >

Najanu kimannu   < najanu =don't know kimannu =how much >
Kandilu hahilu   < kandilu =(I) cried hahilu=laughed >
Xokolu etiya   < xokolu =everything etiya=now >
Smritir nijora   < smritir= of memory nijora= stream, rivulet >

Premor bonyarei moi   < prem=love bonya =flood >
Dhuwalu tomak   < dhuwalu =(I) washed tomak=you >
He mor moromor   <he =O mor=mine moromor =beloved >
Bislexon data   < bislexon data=analyzer, critic >

Abelir belit ahi   < abeli =afternoon beli= Sun >
Dekhilu tomak   <dekhilu= saw tomak=you >
Tumi mor hepahor   < tumi = you hepahor =longed for=beloved >
Jibonshrota   < jibonshrota =audience of my life-story >

Guwahati, 11th March, 2007 • Translation appears on page 55
• Assamese script on page 231

52
AJI JIBON BUTOLIBI
Reclaim Your Life

Aji jibon butolibi hahi hai ah   < aji= today butolibi =you will pick >
Aji moron pahoribi hahi hahi ah   < moron =death pahoribi =you will forget >
Bahiti loi aah aru hahitiloi aah   < bahi= flute hahi= smile, laughter >
Ajir notun digontoloi olai olai ah   < Notun = new digonto =horizon loi=to
     olai=come out >

Monor soraitik aru kiman bandhibi < sorai= bird aru=and kiman=how long
     bandhibi =you will keep tied >
Kalor elandhu sai kiman kandibi   < elandhu =cobweb >
aji bondho xojar duwar bhangi nahone olai   <bondho=closed xoja=cage
                                                            duwar=door >
Aji jyotir notun digontoloi olai olai ah   < jyoti=light >

Aji Xomoi dharapatot dekhun nai biyugor ghor   < xomoi =time
     dharapat=sums table >
Jibon pothar nodon bodon mukto manuhor   <jibon pothar=life's field
     nodon bodon=plenty >
Kiman nidi kiman pali kiman gonibi   < kiman=how much nidi=didn't give
     gonibi=(you) will count >
Rahikhini puron kori kiman xasibi   < rahikhini= the profit
     puron=multiply xasibi=save >
Aji jiman pali ximan kiyo nidiyo bilai   < jiman=whatever amount
     kiyo=why bilai nidiyo=don't give away >
Aji tyagor notun digontoloi olai olai ah   < tyag =sacrifice digontoloi =towards
     the horizon >
Aji jugor notun digontoloi olai olai ah
Aji jyotir notun digontoloi olai olai ah   < aji =today notun= new
     olai ah=come out >

Kolkata, 1970 • Translation appears on page 56
• Assamese script on page 232

53
MOR GEETOR
O Thousand Listeners

Mor geetor hejar shrota tomak nomoskar < mor=mine   hejar=thousand
    shrota= listener >
Geetor xobhat tumiyetu prodhan olonkar   < prodhan=chief, prime,
    olonkar jewelry=gem >

Proyax koru tomar mukhot hanhi bilabole   < proyax=attempt koru=(I) do
    tomar=your mukh=mouth, face   hanhi=smile   bilabole=to spread >
Proyax koru tomar dukhot xosai kandibole   < dukh=grief xosai=truly
    kandibole=to cry >
Tomar krodhot krodhannito hoiyu geet rosu < krodh=anger   krodhannito=angry
    geet=song rosu=compose >
Byokti xomuhor hoi xuror xorai jasu   < byokti = individual xomuhor=all
    hoi=on behalf of   jasu = (I) offer >
Xeye geetor kuxumere aji jibon jatishkar   < xeye=that is why   kuxum =flowers
    jibon=life   jatishkar= decorated >
Geetor xobhat tumiyetu prodhan olonkar   < geetor xobhat =in the musical
    gathering, concert >

Bhul jodi hoi shristit mor < bhul =mistake jodi=if   shristi t= in creation >
Tumi howa sintito   < tumi howa=you become > < sintito = worried >
Xomalusonar ogonire puri   < xomalusona= criticism ogoni=fire puri=burning >
Muku kora unnoto   < muku=me too   kora=(you) make unnoto =developed >

Xoixobote ekhon dukhon geetor xobhat gai   < xoixob= childhood
    ekhon dukhon=one two>
Mon ujar korutei bukut dila thai   < mon = mind ujar = empty
    buku =heart, chest > < thai= place, location >
Tomar bukut topot umor udogoni pai < tomar= your > < buku = heart
    topot=hot   um=warmth   udogoni=encouragement   pai = getting >
Jibonor duporiyau asu geet gai   < duporiya=midday   asu=I am   geet gai=singing >
Geetor xobhat asilu tomarei abishkar   < asilu =I was   tomarei=yours only
    abishkar=discovery >
Geetor xobhat tumiyetu prodhan olonkar   < tumiyetu= you are the
    prodhan=main   olonkar=ornament >

Kolkata: 1973 • Translation appears on page 57
• Assamese script on page 233

54
APARUPA APARUPA
Pretty Woman

Aparupa Aparupa   < Aparupa name of a v. beautiful woman >
Oxeemor nil nobhot   < oxeem=infinity   nil= blue   nobh=space, sky >
Tumi ek bindu ononto   < tumi = you are   ek=one   bindu=point
      ononto=endless >

Aparupa
Tumi mukto tumi mukto   < tumi=you   mukto= free >
Onubhob janu tumi kora nai   < onubhob =feel   janutumi kora nai = don't you >

Mokora jalore bhangila xoja   < mokora=spider   jal=web
      bhangila=have broken   xoja= cage >
Patolala tumi dukhor boja   < patolala= (you) have lighten
      dukh=grief   boja =burden >
Polatoka hoi etiya kiyonu   < polatoka = one who escapes   etiya=now
      kiyonu=why >
Bihongo hobo khuja   < bihongo = bird   hobo =to become   khuja=(you) want >
Matir modhu janu dekha nai   < mati=soil   modhu=honey
      janu decha nai = haven't you seen >

Tomar hator muthite ase   < tomar=your   hat=hand   muthi =fist   ase= there is >
Tomar jibon roth   < roth =chariot >
Bhangibo para   <bhangibo = to break   para=can >
Gorhibo para   <gorhibo = to build   para=can >

Tomarei nija poth   <nija=own   poth=path, road >
Tomar jukti heruwa nai   < jukti =logic, reason   heruwa nai= is not lost >

Aparupa Aparupa   < aparupa = pretty woman >

film: Aparupa, 1982 • Translation appears on page 58
• Assamese script on page 234

55
O TOI OBUJ MON
O My Unreasonable Mind

O toi obuj mon   < toi=you   obuj mon =unreasonable mind >
Senehor bat   < seneh= love bat=path >
Xosa bat bisari   < xosa =true   bat = path   bisari=searching >
Jaoute sabijen   < jaoute = while going sabijen= watch out >
Noporo obate pisoli < noporo= (you) don't fall obat= wrong way pisoli = slip >

Premor ortho duti manuh   <prem=love ortho=meaning duti= two
     manuh=people >
Eketi monor duti manuh   < eketi=single, one   mon= mind   duti = two >
Duti monor eketi xur   < duti=two mon=mind eketi=one xur=tune >
Etit xunyota anture pur   < etit= in one   xunyota= emptiness
     anture=by the other   pur=filled >
Eixar kotha pahorili   < eixar kotha=this word, fact
     pahorili =(you) have forgotten >

Joubonor phulonit toi ruwa pulite   < joubon=youth   phuloni= garden
     toi=you   ruwa=planted   puli=plant >
Epahi phul toi phulali   < epahi phul=one flower toi phulali=you bloomed >
Nijei nojonakoi nij hatere   < nijei=yourself   nojonakoi=without knowing
     nij hatere=with own hands >
Phultir pahibor singili   < phul = flower   pahi =petals   singili=(you) plucked >

Atmo obhiman jed aru khed < atmo obhiman= ego   jed = stubbornness >
Premor rajyot xobha napai   < premor=love's   rajyo=state xobha napai= doesn't
     become >
Duyu dogdho hoi apon duxot < duyu=both dogdho=burnt   apon=own dux=fault >
Protikhyone duyu duyuke nepai   < protikhyone=every moment   < duyu duyuke
     nepai=not getting each other >
Ei kotha phonhiyai nesali..   < ei kotha=this fact, word   phonhiyai nesali= (you)
     didn't analyze >

Kolkata, April 1990 • Translation appears on page 59
• Assamese script on page 235

56
E... NOROMONIS....
O Man

Jaboi lagibo toi   <jaboi lagibo=have to go   toi=you
Sokulu mosi loi   <sokulu=tears   mosi loi = wiping >
Xobare bhoroxa eri e noromonis < xobare= everyone's
    bhoroxa=dependence=reliance   eri=leaving >

Xunor jota kharut mamore dhorile < xunor=of gold   jota kharu=bangle
    mamor=rust >
Mamoror besotu kewesun nolole   < mamoror= price of rust   bes= selling price
    kewe=nobody   nolole=took>
Phurile kihobo ghurihe noro monis   < phurile kihobo ghuri = what use walking
    around >

Dukani sinibi   < dukani= shopkeeper   sinibi=know >
Pohari sinibi   < pohari =door to door seller of fish >
Sinibi senehor logori   < sininbi =know   seneh= love logori=companion >
O ji jon kinutai   < ji jon=the one who   kinutai=buyer >
Manuhok sinibo   < manuh= men   sinibo=will know >
Xonxaror hat xari e noro monis   <xonxaror= life's   hat=market   xari=sweeping >
Habiyaxnu kori toi oi   < habiyax kori =hoping   toi=you >

Mojiyanu mosili   < mojiya =floor   mosili= you washed >
Sikonkoinu batite oi   < sikon= spotless   bati=bowl >
Omritnu xojali o   < omrit=nectar   xojali= (you) decorated >
Anondore pirakhon pari   < anondore= joy's   pira=a flat low platformed seat
    pari = laying >
Boreghore mojiyate o   < boreghor=living room
    mojiyate=on the floor >
Nigoninu bogale   < nigoni =mice, rodents   bogale = have crept >
Omritor batite oi   < omrit= necter   bati = bowl >
Bihenu uposile o   < bih= poison   uposile=brimmed >
Pirakhon je nile hori   < pirakhon = the low flat seat   nile hori = taken away >
Misa xagorote toi bure marili   < misa= false   xagorote=in the sea
    bure marili=(you) dived >
Xaturi naduri bhagoru logali   < xaturi naduri=swimming around
    bhagor=tiredness >
Mukutar axake kori e noro monis   < mukuta =pearl   axa=hope >

Xagoror mukutar sinu nai sabu nai   <mukutar= of pearl
    sinu nai sabu nai = no trace >
Bhagorot piboloi pani nai duni nai   < bhagorot=in tiredness   piboloi=to drink
    pani nai=no water >
Eya mayajalor jori e noro monis.   < eya=this is   mayajal=web of illusion
    jori=string   noro monis = oh man >

film: Dhumuha, 1957 • Translation appears on page 60
• Assamese script on page 236

57
MOI ETI JAJABOR
I'm a Rolling Stone

Moi eti jajabor   <jajabor=homeless wanderer/ nomad / rolling stone >
Dhorar dihinge dipange loworu   < dhora=earth   dihinge dipange=here and there loworu=(I) run >

Nibisari nija ghor   < nibisari=not searching   nija=own   ghor=home/ house >

Moi luitor pora Mississippi hoi Volgar roop salu <moi=I luitor pora= from the Luit volgar= of the Volga   roop=beauty   salu= saw>
Ottowar pora Austria hoi Paris xaboti lolu < ottowar pora= from Ottawa xaboti lolu=I embraced >
Moi Ellorar pora puroni rohon Chicagole korhiyalu <Ellora=Ellora Caves puroni=Old   rohon=color   Chicagole= to Chicago   korhiyalu= I carried>
Ghalibor sher Dushamber minarot xuna palu < Ghalib=Urdu Poet Ghalib sher=verse   xuna palu=I heard>
Mark Twainor xomadhit bohi Gorkyr kotha kolu   < xomadhi=grave bohi=sitting Gorkir kotha=words about Gorky   kolu=(I) said >
Bare bare dekhu bator manuhu apon hoise bor   <bare bare=repeatedly bat=road apon=close/own   hoise= becoming   bor= a lot>
Xeye moi jajabor...   < xeye=that is why >

Bohu jajabor lokhyobihin mor pise ase pon   < bohu=many   lokhyobihin=aimless pise=but pon=vow >
Rongor khoni jotei dekhisu bhogai diyar mon < rongor=of color/joy khoni=ore / source >

Moi dekhisu onek gogonsumbi ottalikar xari < dekhisu=(I've) seen onek = a lot   gogonsumbi ottalika=skyscraper>
Tar saatei dekhisu kotona grihohin noronari <saa=shadow   grihohin=homeless noronari=men and women>
Moi dekhisu kisu ghoror xomukh bagisare ase bhori   <kisu=some xomukh=front bagisa=garden   bhori= full of>
Aru dekhisu moroha phoolor papori okalote pora xori   <moroha=wilted phool=flower   papori=petal>

Bohu dekhe dekhe grihodah dekhi sintito hou bor <dekh=country grihodah=houses burnt down sintito=worried>
Monor manuh bohutei dekhun ghorote hoise por < manuh=people hoise=have become por=others>

Xeye moi jajabor
Dhorar dihinge dipange loworu
Nibisari nija ghor

Kolkata: 1968 • Translation appears on page 61 • Assamese script on page 237

58
AKAXI JANERE
FLYING ON AN AIRPLANE

Akaxi janere   \<akaxi jan=airplane akax=Sky jan=vehicle\>
Uroniya monere   \<uroniya mon=cheerful/on a high spirit\>
Dukmukalite   \<dukmukali=dawn -te=suffix for /on/in\>
Poschimore pora bongore pora   \<poschim=west pora=from
     bongo=west bengal\>
Marilu ura...   \<ura=to fly\>
Mor lokhyosthan hole Tezpur   \<lokhyosthan=destination hole=is
     Tezpur=A city in Assam\>
Mor lokhyosthan hole Tezpur   \<mor=my/mine\>
Akaxi janere

Moi lahe lahe dhoritri erilu   \< moi=I/me lahe lahe=slowly \>
         \< dhoritri=mother earth erilu=(I) left \>
Moi uri uri meghote xaturilu   \< uri uri=flying on and on\> \<megh=clouds\>
                     \<xaturilu=(I) swam\>
Mor mon bog aji dekhu biman hole   \< mon=mind bog=crane
    aji=today biman=plane\>
Mor bimankhoni dekhu kolpona hole   \<kolpona=imagination hole=became\>
Kar mitha mate kore muk atmohara   \<kar=whose mitha=sweet
    atmohara=forgetting oneself/dazed)
Xunu sinaki xuwodi xur   \<xunu(I) hear xuwodi xur=melodious tune\>
Mor lokhyosthan hol Tezpur
Akaxi janere

Podma noi O Podma noi   \<podma noi=river Padma of Bangladesh\>
Toi goli koloi ?   \<toi=you goli=have gone koloi=where\>
Podma noir uporedi amar biman nure \<uporedi=over amar=our
    nure=does not fly\>
Hothate bhumuki mare Gaurishankore   \< hothate=suddenly
    bhumuki mare=appears\>
E dhobol dhobol girir xirot   \<dhobol=white giri=mountain\>
    \<xir=head/top\>
Probhati road pore   \<probhati=morning road=sunshine\>
    \<pore=falls\>
Kanchonjonghar kaxedi   \<kanchonjongha=kanchenjunga
    kaxedi=by the side\>
Amar biman aji ghure   \<ghure=turns\>

continued on page 150

58 AKAXI JANERE
Flying on an Airplane
Continued from previous page

Ketiyanu xunugoi sinaki mor xur   <ketiya=when   xunugoi=going to listen
    sinaki=familiar>
Mor lokhyosthan hole Tezpur
Mor lokhyosthan hole Tezpur
Akaxi janere

Tolot dekhilu moi garo pahar   <tolot=underneath dekhilu=(I) saw
    Garo Pahar=Garo Hills >
Xouwa jen korobar xeuj xagor   <xouwa=over there jen=as i
    xeuj=green   xagor=Sea>
Okhora mokhora kotona lohor   <okhora mokhora=craggy
    kotona=how many lohor=wave>
Olop aguwalu olopo namilu   <olop=little bit aguwalu=moved forward
    namilu=Got down>
Xeya kiba sinaki drishyo dekhilu   <xeya=that kiba=some sinaki=Familiar>
<drishyo=Sight>
Ki xei dhuniya olokapuri   <ki=what dhuniya=beauti
    Olokapuri=garden>
Guwahati mohanogori   <Guwahati=Guwahati City   mohanogori= ancient City >
Shristir adite jeuti biluwa Pragjyotishpur   <shristi=creation adite=at the start
    jeuti=light Pragjyotishpur=The City of Light, ancient name of Guwahati>

Pise lokhyosthan hole Tezpur   < pise=but >
Pise lokhyosthan hole Tezpur
Akaxi janere

Okuwa pokuwa gamosa ekhon   < okuwa pokuwa=winding
    gamosa=Assamese offering scarf >
Jen balit meli thuwa ase   < balit-on the sand meli thuwa=spread out
    ase=is/are>
Xeikhon gamosa Borhomputra   <xeikhon=that
    gamosa=scarf-like plain   Borhomputra=of Brahmaputra >
Xeetot roadhe puwaise   < xeetot=In the winter
    roadhe puwaise=basking in the Sun>

Jopiyai balibhoj kham   < jopiyai=jumping balibhoj=picnic   kham=will eat >
Ajir bihu geet gaam   < bihu geet=bihu songs of Assam   gaam=will sing.
Mor mon soku porile joor   < soku=eye   joor=cool>
Pise lokhyosthan hol Tezpur

continued on page 151

58 AKAXI JANERE
FLYING ON AN AIRPLANE
Continued from previous page

Pise Lokhyosthan hol Tezpur
Akaxi janere

Lahe lahe dekhilu bagisa sahor   <bagisa=garden sahor=of tea >.
Bahor lekesir agot bohithoka   <bah=bamboo agot=at the end
    bohithoka=sitting>
Xoundorjyo kopou halor   <xoundorjyo=beauty kopou=dove
    hal=pair -or=suffix for of >
Kote ase ogonir gor   <kote=where   ase=is/are>
    <ogoni=fire gor=fort>
Kote mor uxar nogor   < mor=my/mine Uxa=Princess Uxa of
    Tezpurnogor=town >
Pao jen pao mor uxar nogor   < pao=to get jen=hope/seems>
Mayabini bimankhoni hole Chitrolekhijoni <mayabini=magical >
Chitrolekhijoni=Chitralekha, (Uxa's friend)>
Korhiyai anise uxar puroloi   < korhiyai=carrying anise=bringing>
Moi nije jen Oniruddha kuwor   < moi=I/me nije=self jen=as if
    Oniruddha Kuwor=Prince Aniruddha (Krishna's grandson)>
Mayare khulim moi ruddha duwar   < mayare=magically
    khulim=(I) will open ruddha duwar=closed door>
Jyoti natokore moi Rupoh kuwor   <natok=play -ore=of/'s
    rupoh kuwor=handsome prince>

Xoua kuwori xodyosnata uxai   <xouwa=there xodyosnata=just bathed>
Kexor meghali meli   <kexor=hair meghali=like dark clouds
    meli=open/spread>
Moloike ase bat sai   <moloike=for me only
    bat sai=waiting (bat=road, sai=looking)>
Moi uxak korimei sur   <korimei=will do   sur=steal>
Mor biman palehi Tezpur   <palehi=has arrived>
Akaxi janere
Oroniya monere
Paluhi mor moromor Tezpur.... <Paluhi=(I) Have arrived moromor=beloved>

Tezpur: 1963, 31st Dec (as per Pravin Hazarika) On flight from Kolkata to Tezpur •
Translation on pages 62-64 • Assamese script on page 238-9

59
XUWORONI MOR
Memories

Xuworoni mor rangoli jiwonor   <xuworoni=memories/reminiscences
    rangoli=colorful jiwon=life -or=of>
Rongbor keniba gole   <rong=color keniba=where gole=has gone>
Pahoroni endharot dhuniya otit   <pahoroni=amnesia endhar=darkness
    -ot=in dhuniya=beautiful otit=past>
Jibonto xomadhi hole   <jibonto=live xomadhi=grave hole=has become>

Monore aantbor keni heruwalo   <mon=mind -ore=of aantbor=the threads
    heruwalo=(I) have lost>
Bhaxar pokhili keni uruwalo   <bhaxa=language pokhili=butterfly
    uruwalo=(I) have flown>
Ubhoti nusuwa hole   <ubhoti=turning back nusuwa hole=don't look anymore>
Hatipoti bhagi poril   <hatipoti=galaxy bhagi=broken poril=fallen>
 Bohu dur aantori gole   <bohu=too dur=far aantori=away gole=has gone>
Akaxot ogoni jolil   < akax=sky -ot=in/at ogoni=ogni=fire jolil= got lit >
Xurujor sokulu xoril   <xuruj=sun sokulu=tears xoril=fallen>
Pahoroni endharot
Dhuniya otitor   < dhunia=beatiful otit = past >
Jibonto xomadhi hol   <jibonto xomadhi hole=got buried alive>

Pahora dinor koto pom khedilu   <pahora=forgotten din=day(s)
    koto=how much pom khedilu=(I) Have chased after>
Gobhir niraxar luitot burilu   <gobhir=deep niraxa=hopelessness
    luit=a river named burilu=(I) have dipped >
Uxah nuhuwa hole   <uxah=breath nuhuwa=cease to exist>
Xurbor keniba gole   <xurbor=the tunes keniba=where gole=have gone>

film: Puwoti Nixar Xopun, 1959 • Translation appears on page 65
• Assamese script on page 240

60
POTROLEKHA
Writer of Love Letters

Tomar dekhu naam potrolekha   <tomar=your   dekhu = seems   naam=name
     potrolekha=woman who writes letters>
Potro tumi nilikha hola   <potro=letter(s)   tumi=You
     nilikha hola = stopped writing >
Hoito mor purona thikona   <hoito mor =perhaps my   purona=old
     thikona=address>
Tomar monot nai...   <mon=mind   Ot=in/at   nai=no/not >

Hoitu tumi tomar morombor   <hoitu=perhaps   tumi=you   tomar=your
     morombor =love/affection>
Thoisa xasi karobaloi   <thoisa=(You) have kept   xasi=saved
     karobaloi=for someone>
Gupute gupute   < gupute=secretly >
Taat mor bhagei nai   <taat=there   mor=my   bhag nai=no share>
Kimba mor purona thikona   <kimba=or   mor purona = my old
     thikona = address >
Tomar monot nai...   < tomar monot nai = you don't remember >
Bohu ritu paar hoi gole   <bohu=many   ritu=seasons
     paar hoi gole=have passed by>
Moro monor potro bohu likha je nohol   <moro=mine   O=also   potro=letter
     likha je nohol=didn't get written>
Mor khyomau je nai   < mor khyomau je nai=I don't deserve forgiveness>
Hoito heye tomar obhimanor   < hoitu heye =perhaps that's why   tomar = your
     xeye=that is why   obhiman=mixed feelings of anger and pride,
     when hurt by a beloved>

continued on page 154

60 POTRALEKHA
WRITER OF LOVE LETTERS
Continued from previous page

Poridhiu nai...   <poridhi=circumference/limit nai=no>

Mor sitro naat geet kobitat   <mor=my sitro=paintings/drawings
    naat=play/drama geet=song kobita=poem at=in>
Bisarile paba sagoi purona thikona   <bisarile=if search paba=(you) will get
    sagoi=might/perhaps >
Tumi bisorahe nai   <tumi=you bisorahe nai=intentionally not searched>
Kimba tomar thikona bisorar   < bisorar=to search >
Obokaxu nai...   <obokax=leisure/chance> <nai=no >

Potrolekha aji jodi   <aji=today jodi=if>
Mor thikona xudha   mor thikona=my address xudha=(you) ask>
Xomidhanot mounotahe paba   <xomidhanot = in response
    mounotahe=only silence>
Karon moi ek jironi bihin   < karon=because Ek=one
    jironi bihin=without rest>
Beduin holu jibon saharat   <Beduin=bedoin holu=(I) have become
    jibon=life Sahara=Sahara desert>
Thikona mor nai...   <thikona=address nai=no>

Kolkata, February, 1968 • Translation appears on page 66
• Assamese script on page 241

61
OTITOR BURONJI LIKHOKE LIKHISIL
Chroniclers of the Bygone Age Wrote About Kings

Otitor buronji likhoke likhisil   <otit=past buronji=history likhok=writer
     likhisil=wrote>
Roja-moharojar kotha   <roja-moharoja=kings-emperors kotha=story>
Ajir buronji likhoke likhise   <ajir=today's likhise=have written>
Manuhor mukutir kotha   <manuhor=men's mukuti=freedom
     kotha=words>

Misor dexor neel noir parore   <misor=egypt/misr dex=country
     neel noir=river Nile's par=bank>
Fallaheen e binale   < fallaheen=an Egyptian peasant binale=wailed>
Koi krixokor bukure betha   <koi=talking krixok=farmer buku=chest
     betha=pain>
Mississipir parote kopahor khetite   <Mississipi=the river par=bank
     kopahor kheti=cotton plantation>
Negro johne binale   <negro Johne=black man John binale=wailed>
Koi manuhor boronor kotha   <koi=talking manuhor=men's boron=color>
Luitor parore gaor morixalit   <Luit=River Luit bao=village gaor=of
     morixali=crematorium/graveyard>
Rongmone nitou siyore   <Rongmon=a man's name nitou=daily siyore=cries>
Koi buwoti monore kotha   <buwoti=flowing mon=mind kotha=words>
Pahori pelale buronjiye gowa   <pahori pelale=have forgotten owa=sing/sung>
Xamonto jugore kotha   <xamonto=feudal jug=era>
Xomoyor xahoxere likhi jam aji moi   <xomoy=time xahox=courage -ere=with
     likhi jam=will go on writing aji-today moi=I>
Manuhor mukutir kotha   <manuhor=men's mukuti=freedom kotha=words>

By the River Nile, Cairo, 1952 • Translation appears on page 67
• Assamese script on page 242

62
EI PRITHIVI EK KRIRANGON...
This World is an Amphitheatre

Ei prithivi ek krirangon   <ei=this prithivi=earth
      krirangon=amphitheatre/sporting arena >
Krira hole xantir prangon   <krira hole =sports is xanti=peace
      prangon=arena>
Ei prithivi ek krirangon, krirangon
Joubon jote aji jyotirmoi   <joubon=youth jote=where jyotirmoi=luminous>
Oxustho elahok epholiya kori (jote)   <oxustho=ailing elah=laziness
      pholiya kori=casting aside jote=where>
Jibonor goti hoi kormmomoi   < jibonor=life's goti=speed
      hoi=becomes kormmomoi=full of action>
Kormmomoi kormmomoi   <kormmomoi=full of action>

Bischinnotar niti nelage   <bischinnotar=secession's niti=policy
      nelage=don't need>
Kamyo xomonwoi   <kamyo=desired xomonwoi=unity >
Krirabide nejane ekota bine   <krirabid=sportsmen nejane=don't know
      ekota=unity bin=without>
Ekotar dhiyanote tonmoy   <ekotar=of unity dhiyan=thought/meditation
      tonmoy=absorbed>
Krira mathu khel dhemali nohoi   <krira=sports mathu=only/just
      khel dhemali=games nohoi=is not>
Nohoi mathu protijyogita   <nohoi=is not protijyogita=competition >
(Ek) xundor-xobol jati gothonot   < ek=one xundor=beautiful
      xobol=strong ati=community gothonot=in building>
Krirai kore xohojyogita   <krirai=sports kore=offers
      xohojyogita=cooperation>
Soudixe joto bhangonor sinta   <soudixe=in all directions joto=all the
      bhangon=breakup sinta=destructive thought>
Mulyobodhor obokhyoi   <mulyo=value obokhoi=decadence/erosion>
Niyomanubortti krirabide kore   <niyomanuwortti=disciplined
      kriabede=sports people kore=make>
Ononto jyotire okhyoi   <ononto=endless jyotire=with light
      okhyoi=imperishable>

Tezpur: 20th December, 1995 • Translation appears on page 68
• Assamese script on page 243

63
EI PAANI
This Deluge

Uttore paani   <uttor=north panni=water>
Ei paani   <ei=this paani=water>
Kije paani   <kije=what>
Durbbixoho paani <durbbhixoho=unbearable>
Trishnarttor ee nohoito paani <trishnarttor=one who is thirsty ee=this
    nohoit=isn't paani=water>
Xukan dhoritrir oshrubhora <xukan=arid/dry dhoritrir=earth
    oshrubhora=tearful >
Nohoi ee akuti   <nohoito=isn't ee=this akuti=fervant prayer>
Ei baan paani   <ei baan=this flood>
Ei paani traxor < traxor=dread>
Ei paani bejaror   <bejaror=sadness>
Ei paani mrityur kuxongbad   <mrityur=of death kuxongbad=bad news>

Ei paaniye   < ei paaniye=this water>
Matristonor pora   <matristonor pora=from mother's breast>
Kesuwak karhe   <kesuwa=baby karhe=snatches>
Ei paaniye krixokok   <krixok=farmers>
Potharor pora karhi ni   <pothar=paddy fields pora=from
    karhi ni=snathing away>
Mritodeholoi porinot kore   <mritodeh=dead body
    porinot kore =turns/makes>
Uttore paani...

Ei paaniye
Manuhor xokolu   <xokolu=everything>
Buddhi brittik   <buddhi britti=mental faculties>
Upolunga kori kori   <upolunga=making fun of>
Lothiyai thoi jai   <lothiyai=kicking thoi jai= leave behind>
Xohoshro gaor ghat   <xohoshro=hundreds gao=village
    ghat=river port>
Ei paani bhoyaboho   <bhoyaboho=terrifying>
Bixakto mrityur   <bixakto=poisonous mrityu=death>
Moha arttonaad   <moha=big arttonaad=scream>
Uttore paani...

Guwahati: 31st May, 1990 • Translation appears on page 69
• Assamese script on page 244

64
PROTHOM NOHOI DWITIYO NOHOI...
Neither First Nor Second

Prothom nohoi dwitiyo nohoi   < prothom=first   nohoi= isn't/no
       dwitiyo=second>
Tritiyo shrenir jatri ami   <tritiyo=third shreni=class jatri=passenger>

Jibon relor dobat ami   <jibon relor= of train of life   rel=rail/train
       doba=compartment   ami=we>

Prothom nohoi dwitiyo nohoi

Tritiyo shrenir jatri ami

Maje maje maje   < maje= in between, in the middle >
Ei rele siyore   < ei= this   rele=train siyore= screams>
Nupuwar bedona jui hoi ure   < nupuwa= what is not gotten   bedona=pain
       jui=fire   hoi=becoming   ure=fly >
Amar ei juirei ogrogami   < amar=our   ei=thi   juirei=by fire
       ogrogami=one which moves forward >
Prothom nohoi dwitiyo nohoi

Tritiyo shrenir jatri ami

Logot ase bojar bor bor pera   < logot=with ase=is/are bojar=burden
       bor pera=large chest>
Xei pera otitor sokulure bhora   < xei= that   pera= chest/box   otitor= of past
       sokulure= with tears   bhora= full>
Amarei sokulu bashpo xojalo   < amarei= ours   sokulu= tears
       bashpo=steam xojalo= arranged/made>
Xei bashporei ami drutogami   < xei bashporei=with that steam   ami= we/we are
       drutogami=fast >
Prothom nohoi dwitiyo nohoi

Tritiyo shrenir jatri ami
Tritiyo shrenir xoto xohojatri   <tritiyo=third xoto=hundred
       xohojatri=co-passenger>

continued on page 159

64 PROTHOM NOHOI DWITIYO NOHOI
NEITHER FIRST NOR SECOND
Continued from previous page

Mili dekhim puwabo kal ratri   < mili=united   dekhim= will see
        puwabo= will dawn   kal= ominous   ratri=night >

Ekelogehe pamgoi lokhyo ami   < ekelogehe= only together
        pamgoi= will arrive   lokhyo= destination   ami= we >

Prothom nohoi dwitiyo nohoi
Tritiyo shrenir jatri ami

Kolkata: July 1963 • Translation appears on page 70
• Assamese script on page 245

65
XURJYO UDOI JODI
Sunrise

Xurjyo udoy Jodi lokhyo amar   < xurjyo udoi=sunrise jodi= if
      lokhyo= aim/goal   amar= our >
Xurjyashtor pine dhaboman kiyo < xurjyashto=sunset   pine=towards
      dhaboman= moving   kiyo= why >
Xitol brishti Jodi kamyo amar   < xitol brishti=cool rain   kamyo= desired >
Onabrishti khedi phurisu kiyo   < onabrishti=drought, rainless
      khedi= chasing   phurisu= going around   kiyo= why >

Phurisu kiyo   < phurisu kiyo = why (I am / we are) chasing around >
Ketiyaba deutar sokuduta pure   < Ketiyaba= sometimes   deutar= father's
      sokuduta= both eyes   pure= burn >
Burhi aye nijorei sokupani piye < burhi ai=grandma   nijorei= own
      sokupani= tears   piye= drinks/drink >
Dexor raijkhone prapyo bisari   <dexor raijkhone = people of the country
      prapyo= what is due   bisari = seeking >

Nijorei dingipati diye   < nijorei=own   dingi=neck
      pati diye= put forward, place >

Bhabisilu kiba pise holegoi kiba < bhabisilu= had thought (1st person)
      kiba= something   pise= but   holgoi= became, turned out
      kiba= something else>
Onkotu nimila hole   < onko=sum/calculation   nimila hole=does not add up >
Xomriddhi xopun bhagil sigil   < xomriddhi= prosperity   xopun= dream
      bhagil= has/have broken   sigil= has/have torn >
Prithivi nimati hole o ai   < prithivi= earth   nimati=silent   hole= became
      o ai= o mother >
Prithivi nimati hole
Xomajghori aji thomokise kiyo   < xomajghori= social clock   aji= today
      thomokise= has stopped   kiyo= why >

Onabrishti khedi phurisunu kiyo

Xongyabihin xantir bhabona   < xongyabihin=undefined   xantir= of peace
      bhabona= thought >
Puroni guhat lukai   < puroni= old, ancient   guhat= in caves   lukai= hiding>

Obosetonar arttonadere   < obosetonar=of the subconscious
      arttonadere= with the screams >

continued on page 161

65 XURJYO UDOI JODI
SUNRISE
Continued from previous page

Nijoke nijei ghopiyai   < nijoke= self   nijei= by self   ghopiyai= hacks, cuts >

Bohudin hole khorang botor   <bohudin= long, many days   hole = has been khorang= drought   botor = weather >

Khyoi sihnito bhalpowa   < khyoi= decadence   sihnito= marked bhalpowa= love >

Borgosxipa aru kothiyatolit   < borgosxipa=roots of a big tree   aru= and kothiyatolit= at paddy fields >
Tej dhaliboloi jowa   < tej= blood   dhaliboloi= to pour   jowa= go >

Xar dhaliboloi jowa   < xar = fertilizers   dhaliboloi = to pour >

Houk kolijar tejbor   < houk = let it be   kolijar= of heart tejbor = the blood>

Kajol kajol megh   < kajol= dark   megh=cloud >

Mrito bhaitir soku krishnosura   < mrito= dead   bhaitir= younger brother's soku= eyes   krishnosura= dark blue flowers of a big tree >

Byokti gusthi mili bowao aha   < byokti= individual   gusthi= organization mili= united   bowao= let us flow   aha= come >

Xantir xitol nijora   < xantir = of peace   xitol= cool   nijora= stream >
Aru xomoy nosto koru kiyo   < aru= and   xomoy= time   nosto= waste koru= do   kiyo= why >

Xurjyo udoy Jodi lokhyo amar   < xurjyo= sun   udoy= rise >

Xurjyastor pine dhaboman kiyo..?

Mumbai: 16th June, 1997 • Translation appears on page 71
• Assamese script on page 246

66
XOROTOR XEWALIR
Autumn Jasmine

Xorotor xewalir notun niyore   < xorot=autumn   xewali=night jasmine
    notun= new   niyor=dew drops >
Xubhro xubhro kiba sobi ake   < xubhro= white   kiba=some   sobi= picture
    ake=draws >
Xukula daworor potaka uruwai   < xukula= white   daworor= of clouds
    potaka=flag/banner   uruwai= flying >
Mukutir geet gai xorali jake   < mukutir= freedom   geet= song
    gai= singing   xorali= whistling teals   jake= herds, group >

Niyor bindu hole jibon dapon   < niyor= dew   bindu= drop, point
    hole= have become   jibon= life   dapon= mirror >
Tatei dekhu moi axar xopun   < tatei= in there/it   dekhu= seems
    moi= I   axar= of hope   xopun= dreams >

Khudrote bixalok Jodi bisara   < khudro=small   -te= in /at   bixal=big/large
    jodi= if   bisara= (you) seek >
Dekhiba bindute xindhu thake   < dekhiba= (you) will see   bindute= at the point
    xindhu=sea/the river Indus   thake= is/are there, exists >

Xorotor xorapat kiyo butolim   < xorotor= of autumn   xorapat= fallen leaves
    kiyo=why   butolim= will pick up >
Rikto rikto mon kiyo adorim   < rikto= empty   kiyo= why
    adorim= will welcome>
Bondho bondho xeema kiman xohim   < bondho= closed
    xeema= limit   kiman= how long/much   xohim= endure/suffer >

continued on page 163

66 XOROTOR XEWALIR
Autumn Jasmine
Continued from previous page

Mugdha mugdha moi akax dekhi   < mugdha=enchanted   akax= sky
       dekhi= seeing >

Snigdho snigdho phul monere lekhi   < snigdho= sweet, soft   phul= flowers
       mon= mind   lekhi= counting >

Mukto mukto kohuwar nasune   < mukto= free   kohuwar= of kans grass
       nasune= dance >

Xohuwai niraxar phake phake…   < xohuwai= make one laugh
       niraxar= of hopelessness   phake phake= in between >

Guwahati,1963 • Translation appears on page 72
• Assamese script on page 247

67
ZINDABAD MANDELA
Long Live Mandela

Zindabad Mandela   < Zindabad=long live   Mandela=Nelson Mandela >
Mandela Zindabad
Zindabad Mandela
Mandela Zindabad

Xatais bosor aru xatta mahor   < xatais=twenty seven   xat=seven
      aru= and   xatta= seven   mahor= months' >
Bondho karagar bhangila   < bondho= close/closed   karagar=prison
      bhangila= (you) have broken >

Prokhor roudrorupe Afrikar   <prokhor=strong, sharp   roudro=sunshine
      Afrikar=of Africa >
Notun juwok hoi olala   < notun=new   juwok=youth   hoi= becoming
      olala= (you have) appeared/ got ready >
Zindabad Mandela

Bornoboikhomyor jirno prasirkhoni   < bornoboikhomyo=apartheid
      jirno= worn out   prasirkhoni= the wall>
Bojro haturire bhangila   < bojro= thunder   haturi=hammer
      bhangila= (you) have broken >
Mukto akaxor uddeshye   < mukto= free   akax= sky   uddeshye= towards >

Drihomusti tumi tulila   < drihomusti=iron fist   tumi=you
      tulila= (you) have raised you fist >
Zindabad Mandela
Krishnangor siromukti   < krishnango=black   siromukti= freedom forever >

continued on page 165

67 ZINDABAD MANDELA
   LONG LIVE MANDELA
   Continued from previous page

Tomar ajibon jukti   < tomar= your   ajibon=lifelong > jukti=reason >
Jabojjibon karadondotu   < jabojjibon karadondo=life imprisonment >
Nokorila aposor sukti   < nokorila= (you) did not   apos=compromise
        sukti= treaty >
Xamyopiyaxi lokhyojonor   < xamyopiyaxi= equality thirsting
        lokhyojonor= of millions >

Bondi xibir tumi naxila   < bondi= prison   xibir= camp   tumi= you
        naxila= destroyed >

Zindabad Mandela   < zindabad=longlive >
Mandela zindabad...   < Mandela=Nelson Mandela >

Kolkata, 1990 • Translation appears on page 73
• Assamese script on page 248

At the initiative of Dr. Bhupen Hazarika Literary and Cultural Forum (BHLCF)
"Zindabad Mandela" has been archived at 'Nelson Mandela Centre of Memory'
with accession number: NMAP 2013/002

68
BHANG, BHANG, BHANG...
Break Break Break...

Bhang! Xil bhang   < bhang=break   xil=stone, rock >
Bhang! bhang!! bhang bhanguta!!! Xil bhang   < bhanguta= one who breaks >
Tor gham bhora nongotha pithi   < tor=your   gham= sweat
       bhora= full   nongotha=naked   pithi=back >
Topot rodot jai phati   < topot=hot   rodot= sunshine   jai= goes
       phati= torn >
Komol bhorir toluwat jole   < komol= soft   bhorir=feet/legs
       toluwat= on sole   jole= burn >

Topot ronga ronga mati   < topot= hot   ronga= red   mati= earth >
Tothapi tor nai gan gaota   < tothapi= yet   nai= no
       gan gaota = singer (of praise, in this context) >
Bhang! bhang!!bhang!!! bhanguta xil bhang

Akaxporoxa kola xilbore < akaxporoxa=sky touching   kola= black
       xilbore= the stones >
Jug jug ase unnoto xire   < jug= decade, era   ase= is/are
       unnoto= up/developed   xire= heads >

Bhabe xoru xoru manuhor nai xokti   < bhabe= thinks   xoru = small
       manuh=man/men   nai xokti=got no strength >
Surno koribo xil xoktir murtti   < surno= break to pieces   koribo= will do
       xoktir= of power   murtti= statue >

Bhabe nai nai nai hat danguta   < hat=hand   danguta= raiser/lifter >

Bhang! bhang!!bhang!!! bhanguta xil bhang

Nij hatere xukan mati khand   < nij= own   hatere= with hands

continued on page 167

68 BHANG, BHANG, BHANG...
   BREAK BREAK BREAK...
   Continued from previous page

      xukan= dry   mati= earth   khand=dig/excavate >
Xoru xilere xenduri ali bandh   < xoru= small   xilere= with stone
      xenduri=crimson colored   ali=road   bandh=build >

O toi nije hate gorh diya alitire oha   < O toi= O you nije= yourself
      hate= by hand gorh diya= built alitire= by the road oha= coming >

Jugor xobhyotai ag barhe   < jugor= eras' xobhyota=civilization
      ag barhe= move forward >
Toi xilere itihax rosuta   <xilere=with stone itihax= history
      rosuta= composer >

Toi xamyor rohon xanuta   < toi= you   xamyor= of equality
      rohon= color xanuta= one who smears >

Guwahati: 1953 • Translation appears on page 74
• Assamese script on page 249

69
TUMI BIYAR NIXAR
In the Nuptial Night

Tumi biyar nixar xoyon patir   < tumi= you   biyar= of wedding
    nixar= of night   xoyon= act of sleeping   pati=bed >
Epahi rojonigondha   < rojonigondha= a sweet smelling nocturnal flower >
Tomar mulyo enixar   < Tomar= your   mulyo= value   enixar= of one night >

Pisor dina xuruj uthar   < Pisor= next   dina= day   xuruj= sun   utha= rise>

Pisor bahi xojyat   < bahi=used   xojyat= bed >
Tumi mulya bihin bhar   < mulya bihin= valueless   bhar = good >

Tumi phulisila axare bohut   < tumi= you   phulisila= had bloomed
    axare= with hope   bohut= many >

Asonike loi   < asonike= plans   loi= taking >

Gondhobihin kothate tumi   < gondhobihin=scentless   kothate= in the room >
Xurobhi bilaboloi   < xurobhi= fragrance   bilaboloi= to distribute >

Maliye tomak singar pisot   < maliye= gardener   tomak= you
    singar pisot= after plucking>

Kiyo kora hahakar   < kiyo= why   kora= do you   hahakar= cry >

Phuloxojya patgabhorue   < phuloxojya= floral bed/nuptial bed
    patgabhoru=virgins >
Tomarei xojale   < tomarei= with you   xojale= decorated >
Koina dorai koto alephule   < koina-dora=bride-groom   koto= with such
    alephule= delicately >
Tomakei poroxile   < tomakei= you only   poroxile= (they) touched >

(Pise) puwatei tomak xari-pusi dekhu   < pise= but   puwatei= in the morning
    tomak= you   xari-pusi= sweeping clean   dekhu= seems >
Nibisare etibar...   < nibisare= do not want   etibar= once >

Tumi biyar nixar xoyon patir   < tumi= you   biyar= of wedding
    nixar= of night   xoyon= act of sleeping   pati=bed >
Epahi rojonigondha   < rojonigondha= a sweet smelling nocturnal flower >
Tomar mulyo enixar   < Tomar= your   mulyo= value   enixar= of one night >

Kolkata: 1st August: 1978 • Translation on page 75
• Assamese script on page 250

70
MODARORE PHUL
MODAR FLOWERS

Modarore phul henu pujatu nelage   < modaror phul=modar bloom
   pujatu=even in prayer rituals   nelage=not needed >
Modarore phul henu xobahot nelage   < henu=it is said/it seems   xobah= function,
   assemblage >
Lage mathu bohagote rong xanibole   < lage=wanted   mathu=only   bohag=spring
   rong=color   xanibole=to paint >
Lage pise aakaxote jui jwolabole   < lage=needed   pise=but   aakax=sky   jui=fire
   jwolabole=to light a fire >

Kunubai mok henu modarore rijale   < kunubai=someone   mok=me   henu=it is
   said/it seems   rijale=compared me with >
Amar dore lok henu kaame-kaaje nelage   < amar dore=like us   lok=people
   henu=it is said/it seems   kaame-kaaje nelage=good for nothing >
Lage pise xomajote rong xanibole   < lage=needed   pise=but   xomaj=society
   rong=color, xaniboli=to smear >
lage pise aakaxote jui jwolabole   < lage=needed   pise=but   aakax=sky   jui=fire
   jwolabole=to light a fire >

Modar gosot boguwa paan   < modar gosot=on modar trees   boguwa=climbing
   paan=paan creepers >
Khaboloihe bhal bhal   < khaboloi=to eat   bhal=good >
Urddhomukhi paanlotar   < urddhomukhi=rising upward
   paanlotar=paan creerers' >
Protigyahe bhal bhal!   < protigya=promise oath   bhal=good b>
Paan hoi modarote   < paan hoi = being a paan   modarote= on a modar >
Boguwa jonhe bhal bhal!   < boguwa jon=one climbing up   leaning on (modar)
   bhal=good >
Modarore jui xikha bisora jonoke   < modaror=modar's   jui=fire   xikha=flare
   bisora jon=one who searches >
Bohagote moi aji jaam pujibole   <bohagote=in spring   moi=I   aji=today
       jaam=will go   pujibole=to worship   praise >
Xosa xoru manuh jodi   < xosa=true   xoru=small/ insignificant
   manuh=men, jodi=if >
Ronga modar hoi   < ronga=red   modar=modar flowers   hoi=become/are >

continued on page 170

70 MODARORE PHUL
Modar Flowers
continued from page 169

Modarore xikha jodi   <modarore xikha= modars' flame jodi=if >
Haate haate loi   < haate haate=on everyhand loi=taking/carrying >
Tetiyahe xomaj aakax jyotire bhoribo   < tetiyahe=only then xomaj=society
    aakax=sky jyotire=with light bhoribo=will be filled >
Jyoti lage endharoke naax koribole < jyoti lage= light is needed
    endhaar=darkness naax koribole= to destroy >
Modar nelage pujat   < nelage pujat = not needed pujat=during prayer >
Kaar puja xeya?   < kaar=whose   xeya=that >
Tene puja nesau aami   < tene=that type   nesau aami= we won't watch >
Xei xobah beya < xei=that xobah=function   beya=bad >
Tene pujat lage misa kagozore phul   < tene=that type   misa=fake
    kagozore phul=paper flowers >
Taate kotoi manowota jai besibole < taate=there kotoi=so many (people)
    manowota=humanity   besibole=to sell >
Jaar pujat noromangxo   < jaar pujat=at whose puja noromangxo=human flesh >
Xer jokhe kine < xer jokhe=by the kgs   kine=buy >
Kini taate golapore   < kini=buy   golapore=of rose >
Aator kisu xaane <aator=perfume kisu=some   xaane=apply >
Jaar pujat misa gorol moane moane aahe   < misa=lies gorol=poison
    moane moane=by big volume aahe=come >
Maatir jiwon omritere jaar rahi naahe < maatir jiwon omrit=life's nectar of the
    common men jaar=whose raahi naahe=not the cup of tea/don't get along >
Tene lokok kaitere xoijya paati diya < tene lok=such people
    kaitere=with thorns xoijya=bed   paati diya=spread out >
Di modar juire jwoluwa manuh koribole   < di=giving
    modar juire=with modar's flame manuh koribole=to make them real men >
Kunubai mok henu modarore rijale   < kunubai=someone   mok=me
    rijale=compared me with >
Amar dore lok henu kaame-kaaje nelage   < amar dore=like us lok=people
    kaame-kaaje nelage=good for nothings >

3rd April, 1964, Kolkata • Tranlation on page 76-77
• Assamese script on page 251

71
TOMAR UXAH
Your Breath

Tomar uxah kohuwa kumol   <tomar=your uxah=breath kohuwa=kans grass
     kumol= soft >
Xewali kumol haahi   < xewali= jasmine   kumol=soft   haahi=smile >
Haahiye hridoi bhorile xunai   < hridoi=heart   bhorile=filled up
     xunai=by playing (music to others) >
 Eti kiba mitha baahi   < eti=one kiba=some   mitha=sweet   baahi=flute >
Xarodiya senehire   < xarodiya=autumnal   senehi=beloved(f) >
Kokal iman laahee   < kokal=waist   iman=so   laahee=slender >
Hothat aji galu moi   < hothat=suddenly   aji=today   galu moi= I sang >
Morom xona geet   < morom=love   xona=smeared   geet=song >
Taake xuni senehire   < taake=that   xuni= listening   senehir= lady love's >
Ukhol-makhol chit   < ukhol-makhol=commotion ruckus uproar   chit, mind, heart,
     wisdom >
Balit naase amak jokai   < balit=on the sand   naase=dances amak=us
     Jokai=Teasing >
Eti xoru balimahee   < eti=one xoru=small   balimahee=wagtail, a bird >
Runuk junuk xora paatot   < runuk junuk=musical sound   xora=fallen
     paatot=on leaves >
Niyor xori pore   < niyor=dewdrops xori pore=falls >
Gaale mukhe niyor xani   < gaale mukhe= all over the face, cheeks, mouth),
     xani=smearing >
Dhemalikhon kore   < dhemali=amusement/play/fun kore=indulge in >
Xewalire bisonate   < xewalire=of Jasmines   bisonate=in bed >
Ami duyu xulu   < ami=we   duyu=both   xulu=slept >
Xui xui meghor aaror   < xui xui= sleeping lying down meghor=cloud's
     aaror=behind >
Xorali gonilu   < xorali=a type of duck   gonilu=(we) counted >
Ehal haahe adorile   <ehal=a pair haahe=ducks   adorile=received greeted >
Hothat nami ahi   < hothat=suddenly   nami ahi=coming down >
Tomar uxah kohuwa kumol   < tomar=your   uxah=breath   kohuwa=kans grass
     kumol= soft >
Xewali kumol haahi   < xewali= jasmine   kumol=soft   haahi=smile >

October, 1972 • Translation on page 78
• Assamese script on page 252

72
NELAGE XOMAJ
WE DON'T NEED THE PEOPLE

Nelage xomaj nelage nelage   < nelage=not needed xomaj=society, the people>
Xomoi dekhuwa ghori < xomoi=time dekhuwa=showing ghori=clock >
Xomoi ebar thomoki rowksun < xomoi=time ebar=once thomoki=stop,
    rowk=wait >
Aamake xakhee kori   < aamak=us xaakhyi=witnesses
    kori=act of making, doing >
 Abelir ramdhenu thopiyai ani < abelir=afternoon's ramdhenu=rainbow
    thopiyai ani=grab and bring >
Tukura tukur kori < tukura=pieces kori=act of doing, making >
Sotiyai dim tomar gaaloi   < sotiyai dim=will sprinkle tomar=your gaa=body
    loi=to, towards >
Lobasun xoijyat pari < loba=take xoijya=bed pari=spread >
Bijuleer ekosa aagsuli ani < bijuleer=lightning's ekosa=a tuft of aag=front
    suli=hair ani=bringing>
Oti moromor enajoree   < oti=too much moromor=of love
    enajoree=thread, bond >
Meriyai loa, duyure dehat < meriyai=wrap around loam=will take
    duyure=of both deha=body>
Aakaxeu dibo xohari < aakaxeu= sky also dibo=will give xohari=response >
Badhar buronjeer bohutu puthi < badha=resistance buronjee=history
    bohut=a lot puthi=books >
Tukura tukur kori < tukura=pieces kori=act of doing, making >
Doliyai dim endharor phaale < doliyai dim=will throw, endhar=darkness
    phaale=towards >
Dhumuhar niswax moyei holu < dhumuha=storm's niswax=breath
    moyei holu=myself have become >
Tumi xagoror lohoree < tumi=you xagoror=of the sea lohoree=waves >
Nelage uxa howk nixa < nelage=don't need uxa=dawn howk=let it be
    nixa=night>
Ontoheen ujagoree < ontoheen=endless ujagoree=sleepless >

1st September, 1964, Kolkata • Translation on page 79
• Assamese script on page 253

73
LIENGMAKAW
Liengmakaw

Liengmakaw < Liengmakaw= name of a lady in Khasi language >
Kun < kun=which>
kun pahar xikhorote < kun=which pahar=hill xikhor=peak,
baat saisa < baat saisa= waiting >
Xuror pawja kiyo udong rakhim < xur=tune pawja=hut kiyo=why
   udong=empty/naked rakhim= (I) will keep >
Okolxore moi kiman kandim <okolxore=alone moi= I/me kiman=how much
   kandim= (I) will cry >
Taake ekmone bhabisa < taake=that ekmone=attentively bhabisa= (you) are
   thinking/wondering
Sulitari < sulitari=tress >
Tate diengsie pator rong xanisa < tate=there diengsie paat =pine leaves
   rong=dye xanisa=(you) have smeared >
Xei rong lagi hawha <xei=that rong=joy hawha=laughing >
Mur shorati baahir < mur=mine shorati baahi= bamboo flute >
Xurodhwani tumi xunisa? < xurodhwani= melody tumi=you xunisa= have
   heard/listening >
O akaax! < O=O, akaax= sky >
Mur logoreek tumi janu dekhisa? < mur=my logoree= companion
   dekhisa=have you seen/do you see >
Teur jeinsem khoni bijuleere bowa < teur=her jeinsem=dress of Khasi women,
   bijuleere=with lightning, bowa=woven >
Ronga othjuri moure buluwa < ronga=red othjuri=pair of lips mou=honey
   buluwa=smeared >
Tumi janu mon korisa? < tumi mon korisa= have you noticed? >
O Niyor! < o=o niyor=dewdrops >
Xuhoori marisa < xuhoori=whistling >
Khublei shibun < khublei shibun = thank you in Khasi language >
Shibun tumaake < shibun= you in Khasi tumaake=you >
Mur manoxeer < mur=my, mine, manoxee=sweetheart of one's fancy >
Dehare bhaajot < deha = body bhaaj = curve >
Kumolota tumi xanisa < kumolota= softness tumi xanisa= you have smeared >

1964, Shillong, 15th June • Translation on page 81
• Assamese script on page 254

74
JAH JAAGOI
Go Away

Jah jaagoi < jah jaagoi =go away >
Jibonor jowa dinbur < jibonor=life's, jowa dinbur= days gone by >
Jah amoni nokoribi < amoni nokoribi=trouble no more >
Jah jaagoi < jah jaagoi =go away >
Puroni gowa geetbur < puroni=old gowa=sung geetbur=the songs >
Jah ogoni nojwolabi < ogoni=fire nojwolabi= don't light >
Mitha mitha kiba xuworonee < mitha=sweet kiba=some
    xuworonee=reminiscences >
Pahora geetore kothakhini < pahora=forgotten geetore=of songs
    kothakhini=the words >
Sinaki sinaki mukh ekhoni < sinaki=familiar mukh/face/visage >
Xuworiyu dekhu napau sini < xuwori=remembering dekhu=seems,
    napau sini= can't recognize >

Eri oha dubori kiyo baru gosoku? < eri oha=abandoned/left behind
    dubori=soft grass kiyo=why gosoku=(I) tread >
Aaxare ronga rong meghere nadhaku < aaaxare=hope's ronga=red rong=color
    megh=cloud nadhaku=won't cover >
Nai aru nabhabu monotu narakhu < nai=no aru=anymore nabhabu=(I) won't
    think monotu narakhu=won't keep in memory >
Uka nixaare ei xomoikhini < uka=empty nixaa=night ei=this
    xomoikhini=the time >
Nejai nupuwai ki je bighini < nejai=won't go nupuwai=won't dawn ki je=what a!
    bighini=trouble >
Pahori ei xur puroni < pahori=forgetting/to forget ei=this, xur=tune/song,
    puroni=old >
Xabotu notunore aasoni < xabotu=(I) embrace notun=new aasoni=plan >

Location and date, unknown • Translation on page 81
• Assamese script on page 255

75
ETI KUNHI DUTI PAAT ROTONPUR BAGISAT
Two Leaves and a Bud in Rotonpur

Eti kunhi duti paat   <eti=one   kunhi=new leaf   duti=two   paat=leaves >
Ratanpur bagisat   < Ratanpur=place name   bagisa=garden   tea garden >
Lohpohiya hatere kunenu singile?   < lohpohiya haat=lovely long hand(s),
    kun=who, singile=plucked >
O kunenu singile?   < O=O, kunenu singile= who is it that plucked >

Endhar kola sulire   < endhaar=darkness   kola=black   suli=hair >
Joba phulor paahire   < Joba phul = Chinese rose, paahi=petals >
Paporibur uruwai kunenu haahile   < paporibur= the petals, uruwa=fly,
    kunenu=who haahile=has laughed=smiled >
O' kunenu haahile?

Jugnu aru Lashmire   < Jugnu = name of a man, aru= and   Lashmi = name of a
    woman (Lakshmi) >
Biyar dinor jhumure   < biya = wedding   din= day   jhumur = a type of folk
    tribal dance in India >
Ratanpur bagisat jowar tulile   < jowar = tide, tulile=raised >
O' jowar tulile

Jugnu aru Lashmire
Moromkhinir rupere   < morom=love   rupere=with beauty   rup = form/beauty >
Eti xoru kesuwai pawja ujolale   < eti = one   xoru=small   kesuwa=baby
    pawja=cottage/hut ujolale= lit up >
O' pawja ujolale   <pawja=hut   ujolale = brightened >

Jugnu aji eti paat   < Jugnu= Name   aji=today   eti=one   paat=leaf >
Lashmi aji eti paat
Kesuwati xoru kuhi bhagori porile   < kesuwati=the baby   xoru=small   kuhi=bud
    bhagori porile = got tired >
Ei manuh kuhi duti paat   <ei=this   manuh=human   >
Ratanpur bagisat   < Ratanpur bagisat = in Ratanpur garden >

continued on page 176

75
ETI KUNHI DUTI PAAT ROTONPUR BAGISAT
Two Leaves and a Bud in Rotonpur
continued from page 168

Okalote singiboloi pixaasu ahile < okalote=before time   singiboloi=to pluck   pixaas=demon >
O'pixaasu ahile   < ahile= has, have come >

Duti paator lotighotit   < duti= two   paator= leaves'   lotighoti=trouble >
Alphuliya kesuwatir   < alphuliya=delicate   kesuwawatir=baby's >
Aaxar saki dhaki kun pixaase haahile < aaxa=hope   saki=lamp,   dhaki=covering >
O' pixaase haahile   < O'= O   pixaas=demon   haahile=has laughed >

Taam boronor dehare   < taam=copper   boronor dehare=colored body>
Xobol xutham bahure   < xobol xutham bahu=strong   muscular arms >
dham dhama dham madol bojai kunenu nasile < dham dhama dham = sound of   drum   madol=drum   bojai=playin   kunenu=who nasil=danced >
Hezare nasile   < hezare thousands   nasile=have danced >
Notun tuphan ahile   < notun=new   tuphan= storm   trouble   ahile= has come>
Hezar madol bajile   <hezar=thousand   madol= drums,   bajile=sounded, played >
Xei madolor xahox dekhi pixaaso polale   <xei=that/those madolor=drums'   xahox=courage   dekhi=seeing   polale=escaped, taken a flight >

Guwahati, 1955 • Translation on pages 82-83 • Assamese script on page 256

76
BUKU HOM HOM KORE
The Heart Burns and Bleeds

Buku hom hom kore < buku=chest, heart, hom hom kore=throbs >
Mor aai? <mor=my, mine, aai=mother>
Kone nidra hore < kone=who, nidra=sleep, hore=robs mor=my, mine,
Mor aai < mor=my, mine, aai=mother >
Putro hoi moi kimote toru? < putro=son hoi=being, moi=I, kimote=how,
    toru=save, deliver >
Aai, tore hoi moi moru? < tore hoi=on your behalf, moi moru= I die >

Dexore chondroma < dexore=country's, chondroma=moon >
Kaal aandhare awore < kaal=time, season, era, death, aandhar=darkness,
    awore=engulfs >
Ogoni kaalika < ogoni=fire, kaalika=evil spirit >
Deh rondhre rondhre sore < deh=body, rondhro=pore, rondhre rondhre=eve
    pore, sore=increases, spreads >
Bojroxomo driho aai < bojro=thunderbolt, diamond, xomo=like, equal,
    driho=strong, firm >
Soupaxore gorh < soupax=surrounding, gorh=rampart, fort >
Soupaxore gorh bhedi < bhedi=breach, enter=penetrate >
Kinsito nai por! < kinsito=not even little, nai=no, absence of something or someone,
    por=time >

Jasim xantwona <jasim=(I) will offer, xantwona=consolation >
Aai mukti probhatere < aai=mother, mukti=freedom, probhat=morning >
Thapim thapona < thapim= (I) will offer, put (at), thapona=altar >
Aai xonit tyagere < xonit=blood, tyag=sacrifice >

film: Monram Dewan, 1963 • Translation on page 84 • Assamese script on page 258

76 Songs of Bhupen Hazarika in
Assamese Script

In the following pages the 76 songs included and written by Bhupen Hazarika are presented in the Assamese script, the original language they were composed in. They were first compiled by Dilip Kumar Datta and published in India as:

BHUPEN HAZARIKAR GIT ARU JIBON RATH
SONGS AND THE CHARIOT OF BHUPEN HAZARIKA'S LIFE
An analytical account of the lyrics of Bhupen Hazarika in Assamese by Dr. Dilip Kumar Datta

Assamese stems from the Eastern Magadhi Prakrit.

1
XAGOR XONGOMOT
সাগৰ সংগমত

[এই গীতটো ১৯৫২ চনত কুইন এলিজাবেথ জাহাজেৰে নিউইয়র্কৰ পৰা ছাউথাম্পটনলৈ আহোঁতে আটলান্টিক মহাসাগৰৰ বুকুত আৰম্ভ কৰে আৰু শেষ কৰে গুৱাহাটীলৈ উভটি আহি।]

সাগৰ সংগমত
কতনা সাঁতুৰিলোঁ
তথাপিতো হোৱা নাই ক্লান্ত।
তথাপি মনৰ মোৰ প্ৰশান্ত সাগৰৰ ঊৰ্মিমালা অশান্ত।

মনৰ প্ৰশান্ত
সাগৰৰ বক্ষত
জোৱাৰৰ নাই আজি অন্ত
অজস্ৰ লহৰে নৱ নৱ গতিৰে আনি দিয়ে আশা অফুৰন্ত—
সেয়েহে মনৰ মোৰ প্ৰশান্ত সাগৰৰ ঊৰ্মিমালা অশান্ত।
সাগৰ সংগমত।

প্ৰশান্ত পাৰৱে
মহা মহা জীৱনৰ
শান্তি আজি আক্ৰান্ত
নৱ নৱ সৃষ্টিৰে দৈত্য দানৱে কৰে নিষ্ঠুৰাঘাত অবিশ্ৰান্ত।
সেয়েহে মনৰ মোৰ প্ৰশান্ত সাগৰৰ ঊৰ্মিমালা অশান্ত।

ধ্বংসৰ আঘাতক দিছে আজি সংঘাত
সৃষ্টিৰ সেনানী অনন্ত।

continued on page 181

সংঘাতে আনে মোৰ প্ৰশান্ত সাগৰত
প্ৰগতিৰ নতুন দিগন্ত
সেয়েহে মনৰ মোৰ প্ৰশান্ত সাগৰৰ ঊৰ্মিমালা অশান্ত—
সাগৰ সংগমত।

গভীৰ প্ৰশান্ত সাগৰৰ শক্তিয়ে
ধ্বংসক কৰে দিগভ্ৰান্ত
অগণন মানৱৰ শান্তিৰ সমদল সৃষ্টিকামী জীৱন্ত।
সেয়েহে মনৰ মোৰ প্ৰশান্ত সাগৰৰ ঊৰ্মিমালা অশান্ত।

film: Era Bator Xur, 1956 • English translation on page 2
• English word approximations on page 87

2
AKAXI GONGA BISORA NAI
আকাশী গংগা বিচৰা নাই

আকাশী গংগা বিচৰা নাই
    নাই বিচৰা স্বৰ্ণ অলংকাৰ
নিষ্ঠুৰ জীৱনৰ সংগ্ৰামত
    বিচাৰোঁ মৰমৰ মাত এষাৰ।
মহা মহা সাগৰে
    কতনা লহৰ লেখিলোঁ
মহা মহা নগৰীতে
    কতনা বাট হেৰুৱালোঁ।
মৰম জ্যোতিৰ পম খেদি খেদি
    বোৱালোঁ গুপুতে অশ্ৰুধাৰ
নিষ্ঠুৰ জীৱনৰ সংগ্ৰামত
    বিচাৰোঁ মৰমৰ মাত এষাৰ।

হয়তো নিতৌ হেজাৰ জনৰ
    হেজাৰ শৰাই পাওঁ
তথাপি কিয় বিশেষ জনৰ
    মৰম বিচাৰি যাওঁ।
মহা মহা নাট ঘৰে ঘৰে
    কণ্ঠ শোণিত নিগৰালোঁ
মহা মহা শ্ৰোতা জনতাৰে
    মুখত হাঁহি বিৰিঙালোঁ।

ক্ষণিক মৌন পৰত কোনেনো
    পাতলাব মোৰ দুখৰে ভাৰ ?
নিষ্ঠুৰ জীৱনৰ সংগ্ৰামত
    বিচাৰোঁ মৰমৰ মাত এষাৰ।

October 1963 • Translation on page 3
• English word approximations on page 88

3
OSHTO AKAXORE XOPUN ROHON XANI
অস্ত আকাশৰে সপোন বহণ সানি

অস্ত আকাশৰে সপোন বহণ সানি
ক্লান্ত লুইতৰে হেঙুলীয়া পানী
বৈয়ে যায়, বৈ যায় বৈ যায়।

কোন সুন্দৰৰে শিল্পীয়ে পদুম ফুলৰ নাৱেৰে
ময়ূৰ পংখী বহনবোৰ দিলে ছটিয়ায়।

দুয়োপাৰে কত মানুহ কত যে ইতিহাস
কত যুগৰ শত আশা নিৰাশাৰে নিশ্বাস।

লক্ষ্য যদি দিগন্ত, শিল্পী হে তোমাৰ,
পদুমৰে পানটৈ চপোৱা এবাৰ
দেখিবা জীৱনৰে দিগন্ত অপাৰ
বেলি যে যায় বেলি যে যায় বেলি যে যায়।

Guwahati: 1964 • Translation appears on page 4
• English word approximations on page 89

4
SHILONGORE GODHULI
ছিলঙৰে গধূলি

ছিলঙৰে গধূলি
সপোন চহৰৰ মৰমী শৰতৰ
সৌৰবণী সোণালী—ছিলঙৰে গধূলি।

ৰঙীন বজাৰ পাৰ হৈ হৈ
সুদাঁকৈ ভৰিৰে দুবৰি গছকি গৈ
সক সক জিৰজিৰীয়া
নিজৰাৰ পাৰতে
হাঁহি হাঁহি তুমিয়ে ময়ে সিদিনা
পৰিব যে খুজিছিলোঁ পিছলি।

লাহে লাহে এন্ধাৰ হ'ল
দূৰণিৰ খাটী গাঁওখন
তুমি আৰু মই মিলি
দুয়োতেই হ'লোঁ মগন।

দুটি মন নিজৰা জলধি হৈ
ওখকৈ সৱলৰ বননি দিলে বুৰাই
যেন উৰি উৰি উৰি উৰি ফুৰা
জোনাকী পকৰাই
হাঁহি হাঁহি জোকালে
আমি হেনো উটি ফুৰা
দুটি মিঠা শৰতৰ শেৰালী
ছিলঙৰে গধূলি।

Pinewood Hotel, Shillong, 1968 • Translation on page 5
• English word approximations on page 90

5
MOI ARU MOOR SA
মই আৰু মোৰ ছাঁ

কোনে কয় মই অকলশৰীয়া ?
নহওঁ মই অকলশৰীয়া
মই আৰু মোৰ ছাঁ
দুয়ো দুয়োৱে লগৰীয়া—
পৃথিৱী, নক'বা মই অকলশৰীয়া।

সংগীহীনতা মোৰেই সংগী বুলি
কিয় তুমি উপহাস কৰিছাঁ ?
মই আৰু মোৰ ছাঁ
দুয়ো দুয়োৱে লগৰীয়া।
দূৰণিৰ বন্ধু সকলো মিছা
নিচেই কাষৰেই ছাঁহে সচা।
মই আৰু মোৰ ছাঁ
দুয়ো দুয়োৱে লগৰীয়া।

আশাৰ বালিচৰত
যেতিয়া ঘৰ সাজোঁ
মোৰেই ছাঁই বালি তুলি দিয়ে
এন্ধাৰ বাটটো মোৰেই ছাঁই
মেলি দিয়ে নিতে
জ্যোতিৰ দলিচা।

পৃথিৱী, নক'বা মই অকলশৰীয়া
মই আৰু মোৰ ছাঁ
দুয়ো দুয়োৱে লগৰীয়া।

film: Lotighoti, 1966 • Translation on page 6
• English word approximations on page 91

6
SIROJUGOMIYA DHOU TULI
চিৰ যুগমীয়া ঢৌ তুলি

চিৰযুগমীয়া ঢৌ তুলি ঢৌ তুলি
    চিৰ নতুন পানঠৈ উটি যায়
জিলমিলীয়া ঢৌ তুলি ঢৌ তুলি
    সময় নদীত পট আঁকি আঁকি যায়
    অণু পৰমাণু হৈ
    কাৰ আশা ৰেণু উৰে
    আজি উৰে ?

অ' অ' অ' মোৰ মন গীতিকাৰ
    চোৰাঁহি চোৰাঁহি
    হৃদয় বিলাই কোন যায় ?
জিলমিলীয়া ঢৌ তুলি ঢৌ তুলি
    পদুম সুৰৰ পানঠৈ উটি যায়
    অণু পৰমাণু হৈ
    কাৰ আশা ৰেণু উৰে
    আজি উৰে ?

উজনি পানীতে মৰমী সোঁতত
চিত্ৰলেখীয়ে চিৰসুন্দৰৰ হংসকাপেৰে
    বুৰঞ্জী লিখে
অ' অ' অ' মোৰ মন সুৰকাৰ
    গোৱাঁহি গোৱাঁহি
    সুৰৰ আজি সীমা নাই।
চিৰযুগমীয়া ঢৌ তুলি ঢৌ তুলি
    নতুন সুৰৰ পানঠৈ উটি যায়
জিলমিলীয়া ঢৌ তুলি ঢৌ তুলি
    সময় নদীত পট আঁকি আঁকি যায়।

Kolkata, 1963) • Translation appears on page 7
• English word approximations on page 92

7
XITORE XEMEKA RATI
শীতৰে সেমেকা ৰাতি

শীতৰে সেমেকা ৰাতি
শীতৰে সেমেকা ৰাতি
সেমেকা শীতৰে ৰাতি
শীতৰে সেমেকা ৰাতি
    বস্ত্ৰবিহীন কোনো খেতিয়কৰ
    ভাগি পৰা পঁজাটিৰ
    তুঁহ জুই একুৰাৰ
    উমি উমি জ্বলি থকা
    ৰক্তিম যেন এটি উত্তাপ হওঁ,
        শীতৰে সেমেকা ৰাতি

শীতৰে সেমেকা ৰাতি
    খাদ্যবিহীন কোনো দীন মজুৰৰ
    প্ৰাণতে লুকাই থকা
    ক্ষুধা অগনিৰ
    হঠাতে ভমকি উঠা
    প্ৰচণ্ড যেন এটি প্ৰতাপ হওঁ
    প্ৰতাপ হওঁ, মই প্ৰতাপ হওঁ।
    শীতৰে সেমেকা ৰাতি
    সংখ্যালঘু কোনো সম্প্ৰদায়ৰ
    ভয়াৰ্ত মনটিৰ

    নুফুটা আৰ্তনাদ
    নিজেই প্ৰকাশ কৰি
    মিঠা যেন এটি নিৰাপত্তা হওঁ
    নিৰাপত্তা হওঁ, নিৰাপত্তা হওঁ।

শীতৰে সেমেকা ৰাতি
    কণ্ঠৰুদ্ধ কোনো সুগায়কৰ
    প্ৰভাত আনিব পৰা
    অথচ নোগোৱা
    এটি অমৰ গীতৰ বাবে
    মই যেন এটি সুধাকণ্ঠ হওঁ
    সুধাকণ্ঠ হওঁ, সুধাকণ্ঠ হওঁ।

Kolkata, 1969 • Translation on page 8 • English word approximations on page 93

8
OI OI AKAX XUBO
অয় অয় আকাশ শুব

অয় অয় আকাশ শুব
   অয় অয় বতাহ শুব
     দিগন্ততে হাহাকাৰ হ'ব।
     দিগন্ততে হাহাকাৰ হ'ব।।

সময় যেন স্তব্ধ হয়, হয়
   ভীত হয়, হয়
     চকুলোও শিল হ'ব—
অয় অয় সময় হ'ব।
   পাপ যদি বেয়া,
     কামনা কিয় দিলে, দিলে, দিলে?
মোহ যদি বেয়া,
   সুৰ কিয় দিলে, দিলে, দিলে?
ভাঙন যদি বেয়া,
   বিৰহ কিয় দিলে, দিলে?
     তাৰ সমিধান কোনে দিব
       কোনে দিব?

অয় অয় সময় শুব
   সাঁথৰ ভৰা নিশা মোৰ সোণ শুব—
   বৈধ কি অবৈধ কি
     বৈধ কি অবৈধ কি প্ৰশ্ন হ'ব
     দিগন্ততে হাহাকাৰ হ'ব।

film: Protidhwani, 1964 • Translation on page 9
• English word approximations on page 94

9
KAHINI ETI LIKHA
কাহিনী এটি লিখা

কাহিনী এটি লিখা সেৱাৰে বিষয়ে
    কৈছিলোঁ বহু বহু বাৰ
বন্ধু লিখক, তুমি নুশুনিলা
    দেখুৱালা মাথোঁ অহংকাৰ।
সচা নায়ক বিচাৰি বিচাৰি
    তাহানি যে আহিছিলা লৰৰি
মইও দেখোন মানৱ ইতিহাসৰ
    কথা ক'লোঁ নিজকে পাহৰি।
তেতিয়াতো তুমি লিখি গ'লা
    মিছা কথা অন্য নায়কৰ।
বন্ধু লিখক তোমাৰ লিখাখিনি
    মিছা কথা মিছা কল্পনাৰ।।

যি কাহিনী তুমি নিলিখিলা
    তাক ইতিহাসত সময়ে লিখিলে,
মোৰেই মাজত সহস্ৰ মানৱৰ
    যুঁজৰ জোৱাৰ তুমি নেদেখিলা।
নিজৰি-কাপ নিজৰি নিজৰি
(আজি) তোমাৰ ভাষাও পৰিলে ভাগৰি
    ময়ো আজি ক্ষণ ক্ষতি কৰি
    নেযাওঁ আৰু তোমাকে বিচাৰি
    নেযাওঁ আৰু শত কাৰো কৰি
    ক'বলৈ আৰু এটি বাৰ।
বন্ধু লিখক, তোমাৰ লিখাখিনি
    মিছা কথা মিছা কল্পনাৰ
কাহিনী এটি লিখা সেৱাৰ বিষয়ে
    কৈছিলোঁ বহু বহু বাৰ।।

Kolkata: 2nd July, 1964 • Translation appears on page 10 • English word approximations on page 95

10
XURAT MOGAN BHOYAL RATI

সুৰাত মগন ভয়াল

সুৰাত মগন ভয়াল ৰাতি
    মৌন কোলাহল
মই যেন এক ৰ'দৰ বিলাপ
    শব্দৰ সমদল।

চন্দ্ৰ তৰাক থাপ মাৰি আনি
    থেকেচি পেলাবৰ হ'ল
সূৰ্য্যমুখীয়ে সজাব কাহানি
    বেথাৰ সমাধি তল।

নিয়ম পিয়াসী সন্তানবোৰে
    নিয়ম নমনা হ'ল
মাতৃৰ চকু ঘন কুঁৱলীৰ
    গম্ভৱ হৈ গ'ল।

শগুনে সদায় সভাকে পাতে
    ভাষণ পৰি ৰ'ল
দিনবোৰ আমাৰ মৃত হৰিণৰ
    বেকা শিং যেন হ'ল।।

• Sung by Jayanta Hazarika; film: Brishti, 1974 • Translation on page 11
• English word approximations on page 96

11
MOOR GAAN HOUK
মোৰ গান হওক

মোৰ গান হওঁক
  বহু আস্থাহীনতাৰ বিপৰীতে
    এক গভীৰ আস্থাৰ গান।

মোৰ গান হওক
  কল্পনা বিলাসৰ বিপৰীতে
    এক সত্য প্ৰশস্তিৰ ধ্যান।
মোৰ কলা শৈলীতে মূৰ্ত হওক
  এক মধুৰ বৈশিষ্ট্যৰ মান
    সেই গানত জাগক
      জনৈক সংগ্ৰামী
        সৈনিকৰ মহাপ্ৰাণ।

সমসাময়িক সংঘাত
  জীৱনৰ জ্যোতি প্ৰপাত
    তাৰেই গান হওক ধন্য
      হওক সমবেত
        কণ্ঠ অগণ্য।।

ধ্বংসসমুখী দৃষ্টিভঙ্গী
  কিম্বা মনোমালিন্য
    সেয়া নহয় মোৰ গানৰ লক্ষ্য
      লক্ষ্য শান্তি অনন্য।

মোৰ সুৰ বিন্যাসত মূৰ্ত হওক
  অতীত বৰ্তমান
    চিৰ উজ্জ্বল ভৱিষ্যতেও যেন
      তাতেই কৰে নিতে স্নান।

মোৰ গান হওঁক
  বহু বাধাৰ প্ৰাচীৰৰ
    বিপৰীতে
      এক তীব্ৰ গতিৰেই গান।

Shillong, 21st January, 1970 • Translation on page 12
• English word approximations on page 97

12
JONAKORE RAATI

জোনাকৰে ৰাতি

জোনাকৰে ৰাতি অসমীৰে মাটি
　　　জিলিকি জিলিকি পৰে
মলয়াৰে ছাটি দুহাতে সাৰটি
　　　ধুনীয়া মালতী সৰে।
এইখন দেশ মোৰ তেনেই আপোন,
নিতে নিতে আনে নতুন সপোন।

আমাৰ গাঁৱৰে সৰু জুৰিটিত
　　　তৰাই ধেমালি কৰে
আশাৰ চাকি জ্বলে দুখীয়াৰে ঘৰে ঘৰে
　　　তাকে দেখি এন্ধাৰবোৰে
　　　আমাৰ গাঁও এৰে।

আমাৰে দেশৰ বোৰৰতী সৃতিক
　　　বাধা দিব কোনে পাৰে?
আগলতি কলাপাত লৰে চৰে
　　　মনৰে পখিটি মোৰ উৰে উৰে
　　　কোন চিফুঙৰ সুৰে সুৰে।

film: Era Bator Xur, 1956 • Translation appears on page 13
• English word approximations on page 98

13
ETUKURA ALOXUWA MEGH BHANHI JAI

এটুকুৰা আলসুৱা

এটুকুৰা আলসুৱা মেঘ ভাঁহি যায়
মোৰো বনহংসই বাট হেৰুৱায়।
মই আছোঁ শাৰদীয় খিৰিকীমুখত
বুকুৰে বিচৰাজনলৈ বাট চায়।

বিজুলী চাকিৰ সৌ তাঁৰবোৰতে
নিয়ৰে ওলমি কিবা কথা পাতে
বিশেষ বিন্দুত অঁকা এখনি মুখে
এমুঠি অনুৰাগ দিছে ছটিয়ায়।

মই এক যক্ষ মহানগৰীৰ,
মিছলীয়া মৰমত কাৰাৰুদ্ধ,
সৌৰৱণী শ্ৰাৱণতে আৱদ্ধ।
'নিয়ন' চাকিয়ে আজি চকু টিপিয়ায়
শৰৎ সন্ধ্যা মহানগৰী সজায়
(তাৰে) মাদকতা সানি
       আজি লিখিছোঁ চিঠি
চঞ্চল মেঘে যেন তাকে কঢ়িয়ায়।

Shillong, 1969 •Translation appears on page 14
• English word approximations on page 99

14
JIBON GHORIR PROTITU POL
জীৱন ঘড়ীৰ প্ৰতিটো পল

জীৱন ঘড়ীৰ প্ৰতিটো পল
যেন গলি গলি গ'ল।
নিসংগতাৰ পকুৱা এটি
মাথো তাতে পৰি ৰ'ল।

তেজত আজি ৰক্ত কণিকা
কিয় জানো কমি গ'ল
দংশন ৰত বীজাণুৰ দল
মোৰ যে লগৰী হ'ল।

বিলম্বিত লয় শূন্যতা ভৰা সুৰ
সৌৰৱণী সমলয় হাহাকাৰেৰে পুৰ
দিনবোৰ যেন সাগৰ পাৰৰ
অঘৰী চৰাই হ'ল
অন্ধকাৰৰ দিগবলয়ত
পোহৰ হেৰাই গ'ল।

film: Kanch Ghar, 1975 • Translation appears on page 15
• English word approximations on page 100

15
JHOK JHOK RAIL SOLEY
ঝক ঝক ৰেল চলে

ঝক ঝক ঝক ঝক ৰেল চলে মোৰ
ৰেল চলে মোৰ, ৰেল চলে।
শান্তিয়ে ৰিঙিয়াই সাম্যই ৰিঙিয়াই,
ঝক ঝক ঝক ঝক ৰেল চলে
মোৰ ৰেল চলে।

ফায়াৰ মেন মই
    দপ দপ অগনিৰ
    তেজ ৰঙা বৰণৰ
    কয়লাৰ অঙঠা
    হাতেৰে খামুচি ধৰি
    বয়লাৰ দুগুণে জ্বলাওঁ
    দেহা মোৰ জ্বলে জ্বলে।।

চিগনেল মেন মই
    ক'লা ক'লা কয়লাৰ
    ধূলি লাগি ক'লা পৰা
    বাহুৰ শক্তিৰে শোষণৰ কণা বাট
    শ্ৰৌহকাই থৈ মই সময়ৰ আলিতিত
    নিচান উৰাওঁ
    শোষণ দূষিত বায়ু ফালে ফালে।।

ড্ৰাইভাৰ লাইনচমেন
    বনুৱা কেৰাণী মই
    ৰাতি নাই, দিন নাই,
    চকুত টোপনি নাই
    হায়! হায়! হায়! হায়!
    খং উঠি ৰঙা পৰা চকুত কয়লা পৰি
    দৃষ্টিক দুগুণে জ্বলাওঁ
    কাম কৰি কৰি মই ভাগৰি পৰিলোঁ
    পেট মোৰ জ্বলে জ্বলে।।

যন্ত্ৰযুগৰ সুমহান কৃষ্টিৱে
মানুহৰ মুক্তিৰ গঢ়িম সোপান
নতুনৰ গতি খেদি বাহুৰে বাহুৰে বন্ধা,
বান্ধোনৰ সমদল
ৰুধিব কোনে?
সাম্যৰ ধুমুহাই ঠেলে ঠেলে।।

Chicago, 1949 • Translation on Page 16
• English word approximations on page 101

16
DOLA

দোলা, হে দোলা

হে! হেইয়া হে! হেইয়া
হেইয়া না, হেইয়া না, হেইয়া না হেইয়া
দোলা, হে দোলা, হে দোলা, হে দোলা
এক বেঁকা বাটেৰে কঢ়িয়াঁও কঢ়িয়াঁও
বৰ বৰ মানুহৰ দোলা।

হে দোলা!
আপোন কৰিলো বনুৱাৰ জীৱনক
দেহা ভাগৰাই তোলা,
হে তোলা !
হেইয়া না, হেইয়া না, হেইয়া না হেইয়া।

দোলাৰে ভিতৰত তিৰ বিৰ কৰিছে
চহকী পাটৰে পাগ
ঘনে ঘনে দেখিছোঁ লৰচৰ কৰিছে
শুকুলা চোঁৱৰৰ আগ।
মোৰহে ল'ৰাটিক
এইবাৰ বিহুতে
নিদিলোঁ সূতাৰে চোলা'
চকুলো ওলালেও মনটি নেভাঙো
কঢ়িয়াই লৈ যাওঁ দোলা।

যুগে যুগে জাঁপি দিয়ে মেটমৰা বোজাটি
কান্ধ ভাঙো ভাঙো কৰে, হে কৰে।
বৰ বৰ মানুহে দোলাত টোপনিয়ায়
আমাৰহে ঘামবোৰ সৰে, হে সৰে।

ওখকৈ পাহাৰৰ টিঙটি উঠিছোঁ
ভালকৈ খোজটি মিলা
আমাৰ কান্ধৰ পৰা
পিচলিব লাগিলেহে
বাগৰি পৰিব দোলা,
ৰজা মহাৰজাৰ দোলা
বৰ বৰ মানুহৰ দোলা।।

Guwahati, 1953 • Translation on page 17
• English word approximations on page 103

17
BIKHYUBDHO BISWO KONTHOI
বিক্ষুব্ধ বিশ্বকণ্ঠই

বিক্ষুব্ধ বিশ্ব কণ্ঠই অহোৰাত্ৰি চিঞৰে, চিঞৰে
প্ৰচণ্ড অগ্নিপিণ্ড জ্বালাময়ী হৈ উৰে
কিয় উৰে ?
পৃথিৱীতো নহয় প্ৰলয়ৰ আকাংক্ষী
গণ মানস নহয় ধ্বংসৰ প্ৰয়াসী
তথাপিতো শিখা উৰে
অমিত সংকল্প প্ৰতিৰোধৰ পদাঘাতে
পাশৱিকতাৰ দন্তৰ
অকাল মৃত্যু মাতে।
সুদূৰ প্ৰসাৰী
মানৱ সভ্যতাই
প্ৰতি মানৱৰ আগ্নেয়গিৰি আত্মাই
নৱ বিপ্লৱ নিতে গঢ়ে
প্ৰচণ্ড অগ্নিপিণ্ড জ্বালাময়ী হৈ উৰে,
(কিয়) সেয়ে উৰে।

Kolkata: 1969 • Translation appears on page 19
• English word approximations on page 104

18
HU HU DHUMUHA
হো হো ধুমুহা

হো হো ধুমুহা আহিলেও
আকাশ ক'লা মেঘে ছানিলেও
ৰিমঝিম বৰষুণ পৰিলেও
তুমি যেন থাকা মোৰ কাষতে।

জীৱনৰ প্ৰথম তৰীত
প্ৰথম যাত্ৰী হৈ বহিলা
বুকুৰ তপত উম যাচি,
ভয়াবহ চাকনৈয়া দেখিলেও
তুমি যেন থাকা মোৰ কাষতে।

শৈশৱ পাৰ হ'ল, কিশোৰ হ'লোঁ
কৈশোৰ পাৰ হ'ল, যুৱক হ'লোঁ
যৌৱন জোৱাৰত নাও মেলি
আশাৰ পাল ৰূপে তোমাকে পালোঁ।
আঁচনিৰ সাগৰতে
সাহসৰ স্বাক্ষৰ কৰিলা
নিৰাশাৰ চকুপানী মচি
দুঃসহ বেদনাত ভুগিলেও
তুমি যেন থাকা মোৰ কাষতে।

Kolkata: 19th Aug, 1964 • Translation appears on page 20
• English word approximations on page 105

19
O THUNUKA KANCH GHOR
অ' ঠুনুকা কাঁচঘৰ

অ' ঠুনুকা কাঁচঘৰ
তই বান্ধিবি কিমান
মোৰ মন পখী
সীমাৰ পৰিধি টানি।

সৌ অসীম আকাশ
মোৰেই বাবে বাট চাই আছে
কামনাৰ বহণ সানি।
জানো মৰণ জীৱন একেটি নদীৰ
দুপাৰে দুটি ঘাট।

শুনো মৰণ হেনো শ্যাম সমান
নিতে বাঁহী বায় তাত
তথাপি কিয় ছবি আঁকি যাওঁ
জীৱন লালসাৰ
তথাপি কিয় মোৰ মানসত
বোৱতী সুঁতিৰ ধাৰ
য'ত জিলমিলিয়া পানী।

অ' কাঁচঘৰ মই যে তোৰেই
অতিথি ক্ষণিকৰ
দেশে-বিদেশে মন-গতি মোৰ
হয় যে ক্ষিপ্ৰতৰ
তইতো নোৱাৰ পখীক বান্ধিব
জীয়া সাগৰ পাৰৰ
কাঁচৰ শিকলি আনি।

film: Kanchghor, 1975 • Translation appears on page 21
• English word approximations on page 106

20
NATUN NIMATI NIYORORE
নতুন নিমাতী নিয়ৰৰ নিশা

নতুন নিমাতী নিয়ৰেৰে নিশা
জীৱন জিলিকা জোনাকেৰে নিশা
আৰু তুমি নিচেই চিনাকি।

মোৰ যৌৱন আজি উচ্ছল
জলমল সৰসীত নাচে
    পংকজ কামনাৰ
    পৰাণোপূৰ্ণ হয় নিশাটি।

নাই বৈভৱ নাই ৰূপ
    নাই নাই গুণাৱলী
    তথাপি সপিলোঁ মৰম সিক্ত অঞ্জলি।
মোৰ বক্ষত মধু উত্তাপ
    ভৰা কম্পিতা স্তম্ভিতা
        তুমি আজি
    জীৱনো পূৰ্ণ হয় নিশাটি।।

21
GUM GUM GUM GUM

গুম গুম গুম গুম মেঘে

গুম গুম গুম গুম মেঘে গৰজিলে
হুম হুম হুম হুম ধুমুহা আহিলে।
জীৱন ডিঙা বাই থাকাঁ,
জীৱন ডিঙা বাই থাকাঁ বান্ধৱ হে!

গভীৰ নদীত কুম্ভীৰ আছে
         —আছে বন্ধু আছে
কুম্ভীৰৰো মৰণ আছে
         —আছে বন্ধু আছে।
বাহুত তোমাৰ বল আছে
হেজাৰ হাতীৰ সাহ আছে
ভয় সংকোচ এৰা বান্ধৱ হে।

এ কলিজা কঁপোৱা সৌৰা চাকনৈয়া
         —তাতে কিনো হ'ল?
মাজ পানীত নাও ভাগে চোৱাঁ
         —এ তাতে কিনো হ'ল?
এ ব'ঠা ভাগি পৰে
         —হে হাত ক'লৈ গ'ল?
পাল দেখোঁ চিৰে
         —হে বুকু ক'লৈ গ'ল?

কান্দোন এৰি হাঁহি থাকা বান্ধৱ হে!
গুম গুম গুম গুম মেঘে গৰজিলে।।

film: Era Bator Xur, 1956 • Translation appears on page 23
• English word approximations on page 108

22
MRITYU XABOTI
মৃত্যু সাৱটি

মৃত্যু সাৱটি
সমাধি তলিত
অকলে আছোঁহি শুই
   এতিয়া পুনৰ
   আহিছা কিয়
   জ্বলাব কলিজাৰ জুই?
মৰণ পৰতো
আছিলোঁ দেখোন
তোমাৰ বাটকে চাই—
   তেতিয়া তুমি
   সময় নেপালা
   তোমাৰ আহৰি নাই।
মোৰ মৃতদেহ
বগা কাপোৰেৰে
কোনোবাই ঢাকি দিলে
   আন কোনোবাই
   গংগা জলেৰে
   দেহাটি তিয়াই দিলে।
নিশ্চয় তুমি তেতিয়া আছিলা
আনৰ মৰম চুই
মই আছিলোঁ ক্ষণ গণি গণি
   আশাৰ বৃক্ষ কৈ।

চিৰ শান্তিৰ কোলাত আজি
পালোঁ মোৰ বিচৰা ঠাই
তুমি কিয় বাৰু এতিয়াও মোক
   জোকাবলে এৰা নাই?

জীৱন পাৱৰ কাহিনী সামৰি
   তুমি যোৱা কিয় নাই?
জীয়া মায়াৰ বান্ধ খুলি ল'লোঁ
   মৰণ-প্ৰেয়সীক পাই।

নোজোকাবা মোক
   মিছা হাঁহি মাৰি
ভাল পাওঁ বুলি কৈ
এতিয়াতো পাৰ
   হ'বতো নোৱাৰৌ
অসীম মৰণ নৈ।।

- Translation on page 24
- English word approximations on page 109-110

23
OY NILAJ PAHAR
ঐ নিলাজ পাহাৰ

হাঃ হাঃ হাঃ হাঃ থুই!
হাঁহিবলৈ আহিছ!
ঐ নিলাজ পাহাৰ!
ঐ শুকান পাহাৰ!
মৰমবিহীন হৈ মৰ মৰ মৰ
লাজতে মৰ।
   বিচাৰিলি কি?
   পালি তই কি?
   সপোন দেখিছিলি—
ঝিৰ ঝিৰ ঝিৰকৈ নিজৰা ব'ব
তোৰ বুকুৰেদি এটি মিঠা নিজৰা ব'ব
মৰমেৰে আঁকোৰালি নিজৰা ব'ব
তাইক পাই তোৰ বুকুখন ৰসাল হ'ব।
একো নাপালি হে!
ভাঙিলনে তোৰ অহংকাৰ?
ঐ নিলাজ পাহাৰ!

   বিচাৰিলি কি?
   পালি তই কি?
   বহু ভাবিছিলি—
তোৰ বুকুত আছিল হেনো ৰূপ ৰূপালী
হেনো কলিজা খান্দিলে পায় সোণ সোণালী
সোণ খান্দি নিব তই ৰূপও হেকৰালি
বালিচন্দা মাথো তই বুটলিলি।
   কি পালি হে?
   ভাঙিলনে তোৰ কামিহাড়?

film: Bonoriya Phool 1973 • English translation on page 25
• English word approximations on pages 111

24
PRATIDHWONI XUNU MOI

প্ৰতিধ্বনি শুনো

প্ৰতিধ্বনি শুনো মই প্ৰতিধ্বনি শুনো
মোৰ গাঁৱৰে সীমাৰে পাহাৰৰ সিপাৰৰ
নিশাৰ চিঞৰটিৰ প্ৰতিধ্বনি শুনো
          কাণ পাতি শুনো মই বুজিব নোৱাৰোঁ
          চকু মেলি চাওঁ মই মনিব নোৱাৰোঁ
          চকু মুদি ভাবোঁ মই ধৰিব নোৱাৰোঁ
          হেজাৰ পাহাৰ মই বগাব নাজানো
          নিশাৰ চিঞৰটিৰ প্ৰতিধ্বনি শুনো।

হ'ব পাৰে কোনো গাভৰুৰ শোকভৰা কথা
হ'ব পাৰে কোনো আইতাৰ নিশাৰ সাধু কথা
হ'ব পাৰে কোনো ৰংমনৰ কঠীয়াতলীৰ বেথা
          চিনা চিনা সুৰটিক চিনিব নেজানো
          নিশাৰ চিঞৰটিৰ প্ৰতিধ্বনি শুনো।।

শেষ হ'ল কোনো গাভৰুৰ শোকভৰা কথা
শেষ হ'ল কোনো আইতাৰ নিশাৰ সাধু কথা
শেষ হ'ল কোনো ৰংমনৰ কঠীয়াতলীৰ বেথা
          চিনা চিনা সুৰটিক চিনিব নেজানো
          নতুন চিঞৰটিৰ প্ৰতিধ্বনি শুনো।।

মোৰ ক'লা চুলিত ৰাতিপুৱা ৰঙা ৰ'দ পৰে
চকুৰ আগৰ কুঁৱলীবোৰ ভয়ত উৰা মাৰে
জাগি উঠা মানুহে হেজাৰ চিঞৰ মাৰে
তাতে ঠেকা লাগি হাজাৰ পাহাৰ ভাঙি পৰে
মানৱ সাগৰত কোলাহল শুনো।।

Guwahati: 1953 • Translation appears on pages 26-27
• English word approximations on page 112-113

25
MANUHE MANUHOR

মানুহে মানুহৰ বাবে

মানুহে মানুহৰ বাবে
    যদিহে অকণো নাভাবে
অকণি সহানুভূতিৰে
    ভাবিব কোনেনো কোৱাঁ, সমনীয়া ?

মানুহে মানুহক বেচিব খুজি
    মানুহে মানুহক কিনিব খুজি
পুৰণি ইতিহাস দোহাৰিলে
    ভুল জানো নহ'ব কোৱাঁ, সমনীয়া ?
দুৰ্বল মানুহে যদি
    জীৱনৰ কোবাল নদী
পাৰ হয় তোমাৰে সাহত
    তুমি হেৰুৱাবানো কি ?

মানুহ যদিহে নহয় মানুহ
    দানৱ কাহানিও নহয় মানুহ
যদি দানৱ কাহানিবা হয়েই মানুহ
    লাজ পাব কোনেনো কোৱাঁ, সমনীয়া ?

Kolkata: 1960 • Translation on page 28
• English word approximations on page 114

26
JONAKI PORUWAR

জোনাকী পৰুৱাৰ

জোনাকী পৰুৱাৰ
     পোহৰে পোহৰে
প্ৰতিভা বকৰাই
     অকলে আগুৱায়।
এখুজি দুখুজি
     লাজুকী গতিৰে
হৰিণীৰ লেখিয়া
     থমকি কিয় ৰয়?

সিফালৰ পৰা সৌ
     দিগন্ত ওলালে।
প্ৰতিভাক আৱেগত
     সাৱটি ধৰিলে
     লাজতে মৰহি যায়।।

প্ৰতিভা বকৰাই
     আমালৈতো নাচায়
বন্ধু ব'লা যাওঁ
     আপোন ঘৰলৈ
     কি হ'ব গীটাৰ বজায়?
জোনাকী পৰুৱাৰ
     পোহৰে পোহৰে
দিগন্ত প্ৰতিভা
     ৰঙতে আগুৱায়।।

Location: Kolkata, 1977 • Translation on page 29
• English word approximations on page 115

27
KOTO JUWANOR MRITYU HOLE
কত জোৱানৰ মৃত্যু হ'ল

কত জোৱানৰ মৃত্যু হ'ল?
কাৰ জীৱন যৌৱন গ'ল?
সেই মৃত্যু অপৰাজেয়।
তেনে মৃতক নহ'লোঁ মই কিয়?

হেনো হিমালয় ভাৰতৰ প্ৰহৰী
তাহানি শুনিছিলোঁ কাহিনী,
পিছে মৃত জোৱান সৰে চিঞৰিছে
'লাগে চিৰজাগ্ৰত এটি বাহিনী।'

আজি কামেং সীমান্ত দেখিলোঁ
দেখি শত্ৰুৰ পশুত্ব চিনিলোঁ,
আৰু মৃত মৌন শত জোৱানলৈ
মোৰ অশ্ৰু অঞ্জলি যাচিলোঁ।
কত পিতৃ পুত্ৰহাৰা হ'ল?
কোন মাতৃৰ বুকু শুদা হ'ল?
ৰঙা সেন্দুৰ কাৰ মচা গ'ল?
কাৰ বাসনা অপূৰ্ণ ৰ'ল?
প্ৰতি জোৱান ৰক্তৰে বিন্দু
হ'ল সাহসৰ অনন্ত সিন্ধু
সেই সাহসৰ দুৰ্জেয় লহৰে
যাচিলে প্ৰতিজ্ঞা জয়ৰে ॥

Kolkata, 1968 • Translation on page 30
• English word approximations on page 116-117

28
CHITRALEKHA
চিত্ৰলেখা

চিত্ৰলেখা, চিত্ৰলেখা
চিত্ৰ এখন আঁকা না
চিত্ৰপটত চিন্তাশীল এক
চিন্তানায়ক আঁকা না!

জনজীৱনৰে ৰং শুকুলা
মন জীৱনৰে গভীৰ নীলা
পাত্ৰ দুটি সজাই লোৱাঁ
দুয়োটি ৰং মিলাই লোৱাঁ
তুলিকা তুলি লোৱাঁনা।।

এটি দুটি ৰেখাৰে
সাৱধানতাৰে
নয়ন আঁকা দূৰদৰ্শী

অনাগত দিনৰ অভিনৱ পুৱা
সীমা অসীমৰ সীমা বুজি পোৱা
বক্ষ এখন আঁকি দিয়া,
লক্ষ্যজনে লক্ষ্য পোৱা,
তুলিকা তুলি লোৱাঁনা।।

29
EITIBA KON ULALE
এইটি বা কোন ওলালে

এইটি বা কোন ওলালে
    সিংহ কেনি লুকালে
    নেগুৰ কটা শৃগাল আজি
        ৰাজসভালৈ যায়।
পপীয়া তৰা ওলালে
    সূৰুয কেনি লুকালে
    তপস্বী বিড়াল আজি
        নাম ঘৰলৈ যায়।
গৰ্দভৰে নৃপতি
    গৰ্দভে শোভে
    ন্যায় এৰি নৃপতিটি
        মৰিল অতি লোভে।

কাউৰী সজাঁও যদি
    গজৰাজ মুক্তাৰে
    তাৰ ঠোঁট যদি জিলিকাঁও
        সুবৰ্ণ মানিকেৰে—
তথাপি কাউৰী জানো ৰাজহংস হয় ?

ৰাইজ যদি ৰজা হয়েই
    নৃপতি নো কোন ?
    দেশখন বেচোঁতা এই
        বদনটিনো কোন ?
তেজ শোহা জোক জানো
        মহাপুৰুষ হয় ?

film: Moniram Dewan, 1963 • English translation on page 32
• English word approximations on page 119

30
XUWORONI KUWOLIE

সৌৰৱণী কুঁৱলীয়ে

সৌৰৱণী কুঁৱলীয়ে চিঞৰি চিঞৰি কয়
    অতীতৰ সীমাৰেখা নাই
সমুখতো দেখো আজি
    পুৰনিক আকুল কৰে
        নতুনে মাথো ৰিভিযায়।

জীৱনৰ বাটটি
    এৰি অহা খোজবোৰ
        নিতে মচে কোন ধুমুহাই
মিছায়ে উভতি চাই
    পাহৰা গীতটি গাই
        দেহা মোৰ ভাগৰিহে যায়।

কিবা যেন বিচাৰি
    হেৰৱালো পৰিচয়
        পৰিচিতো আঁতৰিহে যায়
আজিৰ সৌতত বহি
    কালিৰ সপোন দেখি
        আশা মোৰ নিতে বাঢ়ি যায়।

Guwahati, 1948 • Translation appears on page 33
• English word approximations on page 120

31
NEKANDIBA

নেকান্দিবা, নেকান্দিবা

নেকান্দিবা নেকান্দিবা মোৰে নতুন কইনা
পাহাৰ বগাই ধৰি আনিম তুমি খোজা
মইনা, মইনা নেকান্দা কইনা !
আনৰে সোণ লুকুৱাবলৈ
    পিতায়ে শিক্ষা নিদিলে
সমাজৰ ধন চান কাটিবলৈ
    আয়ে শিক্ষা নিদিলে
কুবেৰেৰো পো নহ'লো দিবলৈ সোণ গহনা
(পিছে) পাহাৰ বগাই ধৰি আনিম
এটি জীয়া মইনা, মইনা নেকান্দা কইনা !

ধনীৰ ঘৰত পৰাহেঁতেন আজি তুমি কইনা
    পেৰা ভৰাই মণি কেৰু
    পালাৰহেঁতেন কতনা
(আজি) পাহৰিব খোজা
    যদি পেটৰ ভোকৰ যাতনা
দেখুৱাব পাৰোঁ মই
    কংস বধৰ ভাওনা, ভাওনা
        নেকান্দা কইনা !

আনক মাৰি ধন সাঁচিবলৈ
    গুৰুৱে শিক্ষা নিদিলে
মিঠাতেলত বিহ ঢালিবলৈ
    গুৰুৱে শিক্ষা নিদিলে
আগলি বাঁহৰে যদি লাহৰী গগনা
শুনিব খুজিছা তুমি বজাই শুনাম
    মইনা, মইনা নেকান্দা কইনা!

Golaghat, 1961 • Translation on page 34
• English word approximations on page 121

32
BIDEXI BONDHU

অ' বিদেশী বন্ধু

অ' বিদেশী বন্ধু! দুৰ্ভগীয়া
আজি কিয়নো বন্ধু অকলশৰীয়া
    প্ৰতিধ্বনি শুন কান্দোনৰ।
প্ৰেমৰ সাগৰে জাহাজ মেলিলি
    নেপালি কোনো বন্দৰ
সৰু চাকনৈয়াতে বন্দী হ'লি
    হেকৰালি তোৰ লংগৰ।
চিৰ সেউজতে চামেলি দেখিলি
    অতি মনোমুগ্ধকৰ
লিৰিকি বিদাৰি সুগন্ধি লওঁতেই
    চামেলি হ'ল গৈ পৰ।।

film: Chameli Memsa'b, 1975 • Translation on page 35
• English word approximations on page 122

33
XOMOYOR OGGROGOTIR
সময়ৰ অগ্ৰগতি

সময়ৰ অগ্ৰগতি
পক্ষীৰাজত উঠি
   যাওঁ মই
     নতুন দিগন্তলৈ
       হাঁহিমুখে হাঁহিমুখে।

জ্যোতিক শিৰত তুলি
   আহে দিন
     বাজে বীণ
       নিৰাশাবিহীন।
নাই আক্ষেপ কোনো
   পোৱা নোপোৱাৰ
     সমুখত পোহৰৰ
       জ্বলন্ত জোৰাৰ।

সত্যক সাৰথি কৰি
   আহে দিন
     যায় দিন
       বিৰামবিহীন।
উৰন্ত মনে মোৰ
নেমানে হেঙাৰ
হেঙাৰেই কৰে মোক
     মিঠা উপকাৰ।।
সুন্দৰ সূৰ্য্য ধিয়াই
   নাচে মন
     নাচে প্ৰাণ
       আশংকাবিহীন।

জীৱন্ত সুৰে মোৰ
   তোলে ঝংকাৰ
     গঢ়ি নৱ উৎস
       গীতিকা গোৱাৰ।

Kolkata: 1968 • Translation on page 36
• English word approximations on page 123

34
ANOR KARONE JIBON XOLITA

আনৰ কাৰণে

আনৰ কাৰণে জীৱন শলিতা
    কিমান জ্বলাবা আৰু
    আৰু কিমান বাকী আছে?
আনৰ কাৰণে কলিজাৰ তেজ
    কিমান ঢালিবা আৰু
    আৰু কিমান বাকী আছে?

নিজৰ কাৰণে ভাবিবলে' আহৰি
    নাই নাই নাই তোমাৰ
    সৌৰৱালৌ শতবাৰ।
প্ৰতি উষা শোণিতেৰে
    কত পট আঁকা
    সেই পটে তোমাকে
    নিঃশেষ কৰি নাচে।

আনৰ কাৰণে কলিজাৰ ৰং
    কিমান ঢালিবা আৰু
    আৰু কিমান বাকী আছে?

film: Chikmik Bijuli, 1969 • Translation on page 37
• English word approximations on page 124

35
POROHI PUWATE
পৰহি পুৱাতে

পৰহি পুৱাতে টুলুঙা নাৱতে
        ৰংমন মাছলৈ গ'ল
মাছকে মাৰিবলৈ নেলাগে যাবলৈ
        ধুমুহা আহিবৰ হ'ল।
ক'ৰবাত কেনেবাকৈ ঘৰিয়ালে ধৰিব
        বৈ যাব তেজৰে ধল।
গধূলিৰে পৰতে বৰহমপুত্ৰ মাজতে
        ৰংমন নাইকিয়া হ'ল।
হিয়াখনি ভুকুৱাই আকাশলৈ চাই চাই
        বহদৈ বাউলী হ'ল
অ' টো যাঃগুছি নিশাকে নেওচি
        ৰংমনক আনিবৰ হ'ল।
ট্ৰৌবোৰে সাৰটি ৰংমনৰ দেহাটি
        পাৰতে শোৱাই থৈ গ'ল।
পৰহি পুৱাতে টুলুঙা নাৱতে
        ৰংমন মাছলৈ গ'ল।।

Guwahati:1954 • Translation on page 38
• English word approximations on page 125

36
PAHAR BHOYAMOR XONGOM THOLITE

পাহাৰ ভৈয়ামৰ সংগম থলীতে

পাহাৰ ভৈয়ামৰ সংগম থলীতে
বন্ধু এজন মোৰ আছিলে এদিন
    ৰ'দালিৰে ভৰা সেই সোণালী সুদিন
    একেলগে খেলা পুৱা গধূলি বেলা
    সেই শান্ত পাহাৰ সেই ধ্বনি নিজৰাৰ
একেলগে বজালোঁ যে বীণ
সোণ সৰি পৰা সোণালী সুদিন
ৰ'দালিৰে ভৰা সেই সোণালী সুদিন।

ওখ ওখ শাল বনৰ ছায়াৰ দেশত
মেঘ আৰু কুঁৱলীৰ
    কোমল খেলাৰ মায়াৰ দেশত
    গোন্ধ বাৰুদৰ কত নিহত জনৰ
    কেঁচা তেজেৰে দেখোঁ পৃথিৱী ৰঙীন
কেনিবা হায় উৰি গ'ল
               সোণালী সুদিন।

পাহাৰ আৰু লুইতৰে আকাশ তলীত
তুমি বজোৱা চিফুং বাঁহীৰ প্ৰতিধ্বনিত
    তুমি আৰু মই সমভাগী হৈ
    পুনৰ আনো আহাঁ সোণালী সুদিন
    ৰ'দালিৰে ভৰা সেই সোণালী সুদিন
    সোণ সৰা সেই সোণালী সুদিন।।

Guwahati:1954 • Translation on page 39
• English word approximations on page 126

37
BHORIR TOLUWAR PORA
ভৰিৰ তলুৱাৰ পৰা

ভৰিৰ তলুৱাৰ পৰা যদি ধৰাখন
    খহি খহি পৰা যেন লাগে
তিল তিলকৈ যদি নিজৰেই ঘৰখন
    কাৰোবাৰ দোষতে ভাগে
পুনৰ গঢ়িবা তুমিহে বান্ধ,
        পুনৰ গঢ়িবা তুমি।

যদি পৰিয়ালে তোমাৰ সংগ এৰে
    তুমি অকলশৰীয়া হোৱা
যদি সৎ কাম কৰি কৰি সংসাৰ সজালেও
    অপযশ পদে পদে পোৱা
পুনৰ সজাবা তুমি হে বান্ধ,
        পুনৰ সজাবা তুমি।

শান্তিক কৰি লোৱাঁ তোমাৰ গৃহিণী
    ধৈৰ্য্য হ'ব লাগে পিতৃ
দয়া হ'ব লাগে মৰমী ভগিনী
    ক্ষমা হ'ব লাগে ধাত্
আশা হ'ব লাগে তোমাৰ সহোদৰ
    সংগ্ৰাম হ'বগৈ মাতৃ।

যদি বিচনাৰ অভাৱত আকাশৰ তলতে
    বাগৰি পৰিব লাগে
যদি পোছাকৰ অভাৱত সময়ৰ ৰঙকে
    মেৰিয়াই ল'বগৈ লাগে
তাকেই কৰিবা তুমি হাঁহিমুখে
        তাকেই কৰিবা তুমি।

Kolkata, 1989 • Translation on page 40
• English word approximations on page 127

38
MUKTKAMI LOKHYOJONOR

মুক্তিকামী লক্ষজনৰ

মুক্তিকামী লক্ষজনৰ
মৌন প্ৰকাশ শুনিছানে নাই?
জীৱন আকাশত নতুন সাহসৰ
পৰিছে জ্যোতি দেখিছানে নাই?
কিমান পালা, নেপালা কিমান
হিচাপ নকৰিলা কোনো ক্ষতি নাই।
আহিছে সময় গণনাৰো দিন
কৰিবা প্ৰকাশ কোনো ত্ৰাস নাই।

কাল ৰাত্ৰিৰ বুকুতে লুকাই
আছেই প্ৰভাত বুজিলা নে নাই?
ৰুদ্ধ দ্বাৰেই উন্মুক্ত বায়ুক
সদা কৰে ভয় বুজিলা নে নাই?

জীৱন সিন্ধুৰ প্ৰতি বিন্দুত
উঠিছে জোৱাৰ ভাঙি পাৰাপাৰ
মহাশূন্যৰ প্ৰতিটো দিশত
শুনিছানে নাই আশাৰ হুংকাৰ?
যিমান পাৰা হোৱা অগ্ৰগামী
নৰ'বা কিঞ্চিৎ কোনো লাভ নাই।

ধ্বংসকাৰীক পৰাস্ত কৰাঁ
শান্তি যুঁজৰ কোনো ক্ষয় নাই
কাল ৰাত্ৰিৰ বুকুতে লুকাই
আছেই প্ৰভাত বুজিলা নে নাই?
(ৰাইজ সিংহক শৃংখল শৃগালে
সদা কৰে ভয় বুজিলা নে নাই?)

Kolkata: 9th Sept, 1975 • Translation on page 41
• English word approximations on page 128

39
XOTIKAR ROOP KHEDU
শতিকাৰ ৰূপ খেদোঁ

শতিকাৰ ৰূপ খেদোঁ
কিবা যেন বিচাৰি
খোজ মোৰ নিতে আগুৱায়
মিছা এন্ধাৰে চকু ভাগৰায়
বুকুৰ পোহৰৰে শিখা বাটি যায়।।
দিগবলয়ৰ বাটেৰে
বগাকৈ মন বগ
কুঁৱলী ফালি উৰি যায়
সবিতাৰ জ্যোতি-বলে
সাগৰৰ হিন্দোলে
মনৰে ৰথ মোৰ নিয়ে কঢ়িয়ায়।।

কবিতাৰ কণিকাই
জিলিকনি ছটিয়াই
জীৱনৰ বাট মোৰ দিলে পোহৰাই
জীৱনৰ কথা ভাবি
মৰণক মষিমূৰি
সেন্দুৰী আলিৰে মোৰ
খোজ আগুৱায়।।

Columbia University, NYC 1950 • Translation on page 43
• English word approximations on page 128

40
JIBONTORE KANDUNKHINI
জীৱনটোৰ কান্দোনখিনি

জীৱনটোৰে কান্দোনখিনি
নিজেই সাঁচি থলোঁ
জীৱনটোৰে হাঁহিখিনি
বিলাই বিলাই দিলোঁ।

শ্ৰোতা বন্ধু! তুমিও অকণ লোৱাঁ।
হাঁহিখিনি পাবৰ বাবে বহুতো কান্দিলোঁ
মাজে মাজে কান্দি কান্দি নিজেই হাঁহিলোঁ।

বহুত কান্দোন
অলপ হাঁহিৰ এয়ে জীৱন-মেলা
সেয়ে জীৱনটোৰে হাঁহিখিনি
  বিলাই বিলাই দিলোঁ
বন্ধু তুমি হয়তো পালা।
মাথো অৱহেলা
সেয়ে মোৰো অলপ হাঁহিৰ
অংশ তুমিও পালা।
হেজাৰ মুখত সুখৰ হাঁহিৰ সপোন দেখিলোঁ
হেজাৰ জনৰ বেজাৰ দেখি প্ৰতিজ্ঞা কৰিলোঁ
অলপ কান্দোন
বহুত হাঁহিৰ পাতিম ময়ো খেলা
সেয়ে জীৱনটোৰে হাঁহিখিনি
  বিলাই বিলাই দিলোঁ

শ্ৰোতা বন্ধু। তুমিও অকণ লোৱাঁ।

Kolkata: 15th August, 1964 • Translation on page 44
• English word approximations on page 131

41
KOHUWA BON

কঁহুৱা বন মোৰ অশান্ত মন

কঁহুৱা বন মোৰ অশান্ত মন
আলফুল হাতেৰে লোৱাঁ সাৱটি
এটি এটি ক্ষণ যেন মুকুতাৰে ধন
এনেয়ে হেৰুৱালে নাহে উভতি।

নীলা আকাশৰ একোটি তৰা
হঠাতে খহি সাৱটে ধৰা
ঘিট মিট এন্ধাৰৰ নিমাত বাতি
এটি এটি ক্ষণ যেন এটি এটি পণ
এনেয়ে হেৰুৱালে নাহে উভতি।

কোনোবা ৰাতিৰ সপোন দেখি
দেখিও নেদেখিলোঁ সেই ক্ষণটি
অনন্ত সময়ৰ সাগৰখনিৰ
চঞ্চল কোলাহলে ভাঙে ঘুমটি
অ' বলিয়া মন, কিয় উচাটন
কালিৰ সূৰুযে ঢালি দিব পুৱতি।

film: Puwoti Nixar Xopun: 1959 • Translation on page 45
• English word approximations on page 132

42
TUMIYE MOR

তুমিয়ে মোৰ

তুমিয়ে মোৰ কল্পনাৰে
        হৰিণী নয়না
তুমিয়ে মোৰ জীৱনৰে
        মধুৰ আল্পনা
তোমাৰ বাবেই
        মোৰেই সুৰৰ কতনা মূৰ্ছনা
তুমি জানা নে নেজানা?

জীৱন ৰণাংগনত
        তুমি সাহসৰে তীৰ্থভূমি
পৰাজয়ৰ নিৰাশাতো
        তুমিয়ে সান্ত্বনা
তুমি জানা নে নেজানা?

জীৱন বনৰ গভীৰতাত
        উৎস তুমি সেউজৰে
সেই সেউজ সুন্দৰতাও
        তোমাৰে হাঁহিৰে
ভাৱতৰে পূব আকাশৰ,
জেউতি তুমি ন সূৰ্যৰ

তোমাৰ পোহৰ অবিহনে
        বৃথা পৰিকল্পনা।
তুমি জানা নে নেজানা?

Kokata: 1958 • Translation on page 46
• English word approximations on page 133

43
XONGRAMO LOGONE AJI

সংগ্ৰাম লগ্নে আজি

সংগ্ৰাম লগ্নে আজি
শংকা ত্ৰাস ত্যাজি
    আইস বীৰসব, দুষ্কৃতি নাশিতে।
অগ্নিমন্ত্ৰে দীক্ষা লৈয়া আইস
    আজি যত দৈত্যকে বধিতে।
ন্যায় তন্ত্ৰে শিক্ষা লৈয়া আইস
    আজি যত পশুত্ব ৰোধিতে।
সাষ্টাংগে কৰোঁহোঁ প্ৰণাম মাতৃ চৰণতে।
সোণৰে অসমী মাতৃ!
    নাকান্দা, নাকান্দা
কেনে কান্দা অভাগীৰ দৰে?
পুত্ৰ আছে, আছে কন্যা
    ৰাত্ৰি দিনে চিন্তে সবে—
থাপিব আনন্দ মেলা আজি তোৰ ঘৰে
    কেনে কান্দা অভাগীৰ দৰে?
(তোৰ)ৰূপে গুণে সম নাহি
    ত্ৰৈলোক্য ভিতৰে।
    কেনে কান্দা অভাগীৰ দৰে?
অসমী আই মোৰ
অতি ভয়ংকৰ ৰাক্ষসৰ কাৰণে
    ভয়ে নকৰিবাঁ, ভয়ে নকৰিবাঁ
    আমাৰো হেংদান আছে।
অতি নিষ্ঠুৰ কাল সৰ্পৰ কাৰণে
    ভয়ে নকৰিবাঁ, ভয়ে নকৰিবাঁ
    আমাৰও মন্ত্ৰ আছে।
এ আমাৰে দুচকুতে অগনি বৰষিছে
সমৰে শিখাবোৰ নাচে সমৰে শিখাবোৰ নাচে।।

film: Moniram Dewan, 1963 • Translation on page 47
• English word approximations on page 134

44
MOI JEN AJIBON

মই যেন আজীৱন

মই যেন আজীৱন উৰণীয়া মৌ
    জিৰাবৰ নাই তক তৃণ
জিৰণীয়া মৌ দেখি
    ভাবোঁ একোদিন
    মই কিয় ঠিকনাবিহীন।

কত ৰস চুহিলোঁ অভিজাত কুসুমৰ
বনফুলে যাচিলে ভঁৱাল ৰসৰ
তিতা ৰসো গোটালোঁ মিঠা বুলি
তোমাৰ ৰূপৰ ৰস তুলনাবিহীন।

মই বাৰু উৰণীয়া মৌৰেই হ'লোঁ
মোৰ জানো জিৰাবৰ নাই অধিকাৰ?
জিৰণি লণ্ড যদি তোমাৰ তৃণত
নেজানো ক্ষতি কি হয় কাৰোবাৰ!

এদিন কৈছিলা মোৰ হ'বা শেষ ঠিকনা
সচা নকৰিলা সেই কল্পনা
সঞ্চিত মৌ ধৰাত ছটিয়াই
উৰি উৰি হৈ যাম জ্যোতিতে বিলীন
জ্যোতিতে বিলীন।

Kolkata: 1975 • Translation on page 48
• English word approximations on page 135

45
MOI JETIYA

মই যেতিয়া এই জীৱনৰ

মই যেতিয়া এই জীৱনৰ
    মায়া এৰি গুচি যাম
আশা কৰোঁ মোৰ চিতাৰ কাষত
    তোমাৰ সহাৰি পাম।

নেলাগে মোৰ সৌৰৱণী সভা
    নেলাগে মিছা নাম
তোমাৰ এটুপি চকুলো পালেই
    মই পাম মোৰ দাম।
সমূহৰ বাবে গীত গাই গাই
    তোমাক পাহৰি গ'লোঁ
সেয়েহে হ'বলা ভৱ জীৱনতে
    তোমাকো হেৰুৱালোঁ।
সেই ক্ষোভে মোক দহিছে আজিও
    শান্তি ক'তেনো পাম ?
তোমাৰ এটুপি চকুলো পালেই
    মই পাম মোৰ দাম।

মোৰ জীৱনৰ সংগ্ৰামখিনি
    ফঁহিয়াই চালে পাম
তুমি নিদিয়া মৰম খিনিতে
    আছিল সৰগী ধাম।
সেই সৰগী ধাম খনি মই
    তোমাৰ বুকুতে পাম।
তোমাৰ এটুপি চকুলো পালেই
    মই পাম মোৰ দাম।

Kolkata: 9th Feb, 1978 • Translation on page 49
• English word approximations on page 136

46
O XUR KHELIMELI HOLE
অ'সুৰ খেলি মেলি হ'ল

অ'সুৰ খেলি মেলি হ'ল
গৰখীয়া কেনি গ'ল
অ'গৰখীয়া কেনি গ'ল?—
অ' উদং পথাৰ উদং মনৰ
গৰখীয়া কেনি গ'ল অ'
গৰখীয়া কেনি গ'ল?—
সুৰ খেলি মেলি হ'ল
কৃষ্টিৰে ভাঙি দৌল।
উদং তৰা মনৰে মৰম গীত কেনিবাদি ৰ'ল।

ল' ল' ল' টিহিটি টিহিটি
তিনিটি আঙুলি লৰা
কোনে হৰি নিলে মোহিনী পেঁপাটি
অসমীৰে প্ৰাণ হৰা।

উদং মুৰীয়া জীৱন জুৰীয়া
জনম বিফলে যায় হে
কিনো দিন পৰিলে
সকলো হৰিলে
অসমীক আজলী পায়
কৃষ্টিৰ ভাঙি দৌল।

47
JAGROTO MANUHOR SA

জাগ্ৰত মানুহৰ ছাঁ দেখি

জাগ্ৰত মানুহৰ ছাঁ দেখি কিয়
দিনে ৰাতিয়ে উচপ খোৱা?
আলসুৱা আকাশত কুঁৱলীৰ মুখা পিন্ধা
ৰামধনু কেলেই খেদি যোৱা

ধূলিৰ ধৰাত জীৱন সৰগ ওপজে
নতুন ৰহণ পোৰা
আলিটিৰ আশে পাশে মানুহ দেখিবা
পদাঘাত নেওচি যোৱা।

নতুন মৌচুমীৰ বৰষুণ পৰিছে
শুকান ধৰণীত চোৱাঁ
যুগৰ কঠীয়া ধৰাত নাচিছে
তাকেহে সাৰটি লোৱাঁ।

Moscow, 1955 • Translation on page 51
• English word approximations on page 138

48
BIMURTO MOR NIXATI
বিমূৰ্ত মোৰ নিশাটি

বিমূৰ্ত মোৰ নিশাটি যেন
মৌনতাৰে সূতাৰে বোৱা
এখনি নীলা চাদৰ।
তাৰেই এটি মিঠা ভাঁজত
নিশ্বাসৰে উম আৰু
জীয়া জীয়া আদৰ—।।

    কামনাৰে তেজ ৰঙা
    আজিৰ গভীৰ গৰ্ভতে
    নিৰৱ মৰম বাৰিষাৰ
    বহুত শাওণ ভাদৰ।
        তাৰেই এটি মিঠা ভাঁজত
        নিশ্বাসৰে উম আৰু
        জীয়া জীয়া আদৰ।।

    সৰি পৰে প্ৰত্যাশিত
    অস্ফুট এক প্ৰতিধ্বনি সাদৰী মাতৰ
    তাইৰ সাদৰী মাতৰ।
        পৰিধিবিহীন সংগমমুখী
        নিৰ্মল দুটি ওঁঠ
        কম্পন কাতৰ।।

    নিয়ম ভঙাৰ নিয়ম ই যে
    নিয়মাকাংক্ষী বাটৰ
    কোমল আঘাত প্ৰতিআঘাত
    নীলা নিশাৰ নাটৰ।
        দূৰৈৰ আৰ্তনাদৰ নদীত
        ক্ৰন্দন কোনো ঘাটৰ
        ভুক্ষেপ নাই লভিছোঁ মই
        আলিংগনৰ সাদৰ—।।

তাৰেই এটি মিঠা ভাঁজত
নিশ্বাসৰে উম আৰু
জীয়া জীয়া আদৰ।

Kolkata: 1971 • Translation on page 52
• English word approximations on page 139

49
XOBDO ARU XUROR PRITHIBIT

শব্দ আৰু সুৰৰ পৃথিৱীত

শব্দ আৰু সুৰৰ পৃথিৱীত
    ধেমালি কৰিলোঁ নানা মুদ্ৰাৰে।
নিৰানন্দ আৰু মহানন্দে মই
সত্যক ফঁহিয়ালোঁ জীৱনবোধেৰে।
    মই জীয়াই আছোঁ সময়ৰ আগে আগে
        আত্মপ্ৰত্যয়ৰ বাবে
    সাধাৰণৰ মাজতেই থাকিম
        অসাধাৰণ ভাৱেৰে।

মোৰ গানৰ শব্দ অতিকৈ সহজ
    বসাল মাটিৰ সুৰৰ।
মুক্ত আকাশ মুক্ত পৃথিৱী
    মুক্ত সাগৰ লহৰ।।
বৰ্তমান পৃথিৱীৰ ভীষণ অসুখ
    চৌদিশে দেখোঁ সংঘাত।
প্ৰত্যেকজনে গাওঁ আহাঁ শান্তিৰ গান
    আনি জীৱনৰ জ্যোতিপ্ৰপাত।

Mumbai: 6th March, 2003 • Translation on page 53
• English word approximations on page 140

50
DIHINGE DIPANGE AJIBON GHURILU
দিহিঙে দিপাঙে আজীৱন ঘূৰিলোঁ

দিহিঙে দিপাঙে আজীৱন ঘূৰিলোঁ
        জীৱনৰ টোকাৰী বাই।
শতিকা শেষত থমকি চাঙুঁ যে
        মৰণৰ তোৰণ নাই।।

জীৱন গলিল মৰণ গলিল
        কোন যে কাহানি যায়।
দেহতত্ত্বৰো তত্ত্ব লুকাল
        মানুহে মানুহক খায়।।

নতুন শতিকা আহিলেই দেখোঁ
        আৰু তো অধিক পৰ নাই।
অনীতিৰ সাগৰত দেশখন বুৰিছে
        ধৰিবৰ তৃণ কুটা নাই।।

মোৰ অসমী!
    মানুহে মানুহক খায়
    মৰণৰ তোৰণ নাই।।

- Translation on page 54
- English word approximations on page 141

51

AKAX XABATI

আকাশ সাৱটি নামিলোঁ সাগৰত

আকাশ সাৱটি
   নামিলোঁ সাগৰত
     বুকুত কঢ়িয়ালোঁ
       আগ্নেয়গিৰি।
শব্দৰ বৰষুণে
   ধৰিলে সাৱটি
     কণ্ঠত সুৰৰ
       অনন্ত সুহুৰি।।

অন্তহীন তৃষাৰে
   ঘূৰিলোঁ ফুৰিলোঁ
     খুলি দিলোঁ মোৰ
       জীৱন সঁফুৰা।
নাজানো কিমানো
   কান্দিলোঁ হাঁহিলোঁ
     সকলো এতিয়া
       স্মৃতিৰ নিজৰা।।

প্ৰেমৰ বন্যাৰেই মই
   ধুৱালোঁ তোমাক
     হে মোৰ মৰমৰ
       বিশ্লেষণ দাতা।
আবেলিৰ বেলিত আহি
   দেখিলোঁ তোমাক
     তুমি মোৰ হেঁপাহৰ
       জীৱনস্ৰোতা।।

Guwahati, 11th March, 2007 • Translation on page 55
• English word approximations on page 142

52

AJI JIBON BUTOLIBI

আজি জীৱন বুটলিবি

আজি জীৱন বুটলিবি
    হাঁহি হাঁহি আহ
আজি মৰণ পাহৰিবি
    হাঁহি হাঁহি আহ
    বাঁহীটি লৈ আহ
    আৰু হাঁহিটি লৈ আহ—
আজি যুগৰ নতুন দিগন্তলৈ
    ওলাই ওলাই আহ।

    মনৰ চৰাইটিক আৰু
    কিমান বান্ধিবি
    কালৰ এলান্ধু চাই
    কিমান কান্দিবি?
    আজি বন্ধ সজাৰ দুৱাৰ ভাঙি
    নাহনে ওলাই?
আজি জ্যোতিৰ নতুন দিগন্তলৈ
    ওলাই ওলাই আহ।
(আজি) সময় ধাৰাপাতত দেখোন
    নাই বিয়োগৰ ঘৰ
জীৱন পথাৰ নদন-বদন মুক্ত মানুহৰ
কিমান নিদি কিমান পালি
কিমান গণিবি
ৰাহিখিনিক পূৰণ কৰি কিমান সাঁচিবি?
আজি যিমান পালি সিমান কিয়
    নিদিয় বিলাই?
আজি ত্যাগৰ নতুন দিগন্তলৈ
    ওলাই ওলাই আহ।

আজি যুগৰ নতুন দিগন্তলৈ
    ওলাই ওলাই আহ।

Kolkata, 1970 • Translation on page 56
• English word approximations on page 143

53

MOR GEETOR

মোৰ গীতৰ হেজাৰ শ্ৰোতা

মোৰ গীতৰ হেজাৰ শ্ৰোতা!
তোমাক নমস্কাৰ!
গীতৰ সভাত তুমিয়েটো প্ৰধান অলংকাৰ।
প্ৰয়াস কৰোঁ
তোমাৰ মুখত হাঁহি বিলাবলৈ
প্ৰয়াস কৰোঁ
তোমাৰ দুখত সচাই কান্দিবলৈ

তোমাৰ ক্ৰোধত
ক্ৰোধান্বিত হৈও গীত ৰচোঁ
ব্যক্তিসমূহৰ হৈ সুৰৰ শৰাই যাচোঁ
সেয়ে গীতৰ কুসুমেৰে
আজি জীৱন জাতিষ্কাৰ।
গীতৰ সভাত তুমিয়েটো প্ৰধান অলংকাৰ।
ভুল যদি হয় সৃষ্টিত মোৰ,
তুমি হোৱা চিন্তিত
সমালোচনাৰ অগনিৰে পুৰি
মোকো কৰা উন্নত।
শৈশৱতে এখন দুখন গীতৰ সভাত গাই
মন উজাৰ কৰোঁতেই বুকুত দিলা ঠাই।

তোমাৰ বুকুত তপত উমৰ উদগনি পাই
জীৱনৰে দুপৰীয়াও আছোঁ গীত গায়।
গীতৰ সভাত আছিলোঁ তোমাৰেই আৱিষ্কাৰ।
গীতৰ সভাত তুমিয়েটো প্ৰধান অলংকাৰ।

Kolkata, 1973 • Translation on page 57
• English word approximations on page 144

54
APARUPA APARUPA

অপৰূপা! অপৰূপা!

অপৰূপা! অপৰূপা!
অসীমৰ নীল নভত
তুমি এক বিন্দু অনন্ত
অপৰূপা! তুমি মুক্তা তুমি মুক্তা
অনুভৱ জানো তুমি কৰা নাই
মকৰা জালৰ ভাঙিলা সজা
পাতলালা তুমি দুখৰ বোজা
পলাতকা হৈ এতিয়া কিয়নো
বিহংগম হ'ব খোজাঁ?
মাটিৰ মধু জানো দেখা নাই?
তোমাৰ হাতৰ মুঠিতে আছে
তোমাৰ জীৱন ৰথ
ভাঙিব পাৰা গঢ়িব পাৰা
তোমাৰেই নিজা পথ
তোমাৰ যুক্তি হেৰোৱা নাই।।
অপৰূপা! অপৰূপা

film: Aparupa, 1982 • Translation on page 58
• English word approximations on page 145

55

O TOI OBUJ MON

অ' তই অবুজ মন

অ' তই অবুজ মন
 চেনেহৰ বাট নিচিনিলি
সচা বাট বিচাৰি
 যাওঁতে চাবি যেন
 নপৰ অবাটে পিছলি।
প্ৰেমৰ অৰ্থ:
দুটি মানুহ একেটি মনৰ দুটি মানুহ
 দুটি মনৰ একেটি সুৰ
এটিৰ শূন্যতা আনটিৰে পূৰ—
 এইয়াৰ কথা পাহৰিলি।
যৌৱন ফুলনিত তই ৰোৱা পুলিতে
 এপাহি ফুল তই ফুলালি
নিজেই নজনাকৈ নিজ হাতেৰে
 ফুলটিৰ পাহিবোৰ ছিঙিলি।।
আত্ম অভিমান জেদ আৰু খেদ
 প্ৰেমৰ ৰাজ্যত শোভা নাপায়
দুয়ো দগ্ধ হয় আপোন দোষত
 প্ৰতিক্ষণে দুয়ো দুয়োকে নেপায়
 এই কথা ফঁহিয়াই নেচালি।

Kolkata, April 1990 • Translation on page 58
• English word approximations on page 146

56
E... NOROMONIS

যাবই লাগিব তই

যাবই লাগিব তই
অ' চকুলো মচি লৈ
অ' সবাৰে ভৰসা এৰি হে নৰ মনিষ।
সোণৰ জটাখাৰ মামৰে ধৰিলে
মামৰৰ বেচতো কেৰেচোন নল'লে
ফুৰিলে কি হ'ব ঘূৰি হে নৰ মনিষ?
দোকানী চিনিবি
পোহাৰী চিনিবি
চিনিবি চেনেহ লগৰী অ'
যিজন কিনোতাই মানুহক চিনিব
সংসাৰৰ হাট যায় সাৰি হে
হে নৰ মনিষ।

হাবিয়াসনো কৰি তই
মজিয়াতনো মচিলি ঐ
চিকণকৈনো বাটিতে ঐ
অমৃতনো সজালি ঐ
আনন্দৰে পীৰাখন পাৰি।

বৰে ঘৰে মজিয়াতে নিগনিনো বগালে ঐ
অমৃতৰে বাটিতে ঐ
বিহেনো উপচিলে ঐ
পীৰাখন যে নিলে হৰি।।
মিছা সাগৰতে তই বুৰ মাৰিলি
সাঁতুৰি নাদুৰি ভাগৰো লগালি
মুকুতাৰ আশাকে কৰি হে নৰ মনিষ।।

সাগৰত মুকুতাৰ চিনও নাই চাবও নাই
ভাগৰত পিবলৈ পানী নাই দুনি নাই
আছে মায়াজালৰ জৰী
হে নৰ মনিষ।

যাবই লাগিব তই
অ' চকুলো মচি লৈ
সবাৰে ভৰসা এৰি হে নৰ মনিষ।

film: Dhumuha, 1957 • Translation on page 60
• English word approximations on page 147

57
MOI ETI JAJABOR

মই এটি যাযাবৰ

মই এটি যাযাবৰ
ধৰাৰ দিহিঙে দিপাঙে লৰিৱৌঁ
নিবিচাৰি নিজা ঘৰ।
মই লুইতৰ পৰা মিছিচিপি হৈ
 ভল্গাৰ ৰূপ চালোঁ,
অটোৱাৰ পৰা অষ্ট্ৰিয়া হৈ
 পেৰিচ সাৱটি ল'লোঁ।
মই ইলোৱাৰ পৰা পুৰণি বহণ
 চিকাগোলে কঢ়িয়ালোঁ,
গালিবৰ শেয়ৰ দুঃখশেৱ
 মীনাৰত শুনা পালোঁ,
মাৰ্ক টোৱেনৰ সমাধিত বহি
 গভীৰ কথা ক'লোঁ।
বাৰে বাৰে দেখোঁ বাটৰ মানুহো
 আপোন হৈছে বৰ
 সেয়ে মই যাযাবৰ।
বহু যাযাবৰ লক্ষ্যবিহীন
 মোৰ পিছে আছে পণ
ৰঙৰ খনি য'তেই দেখিছোঁ
 ভগাই দিয়াৰ মন।
মই দেখিছোঁ অনেক গগনচুম্বী
 অট্টালিকাৰ শাৰী
তাৰ ছাঁতেই দেখিছোঁ কেতনা
 গৃহহীন নৱ নাৰী
মই দেখিছোঁ কিছু ঘৰৰ
 সন্মুখ বাগিচাৰে আছে ভৰি
আৰু দেখিছোঁ মৰহা ফুলৰ পাপৰি
 অকালতে পৰা সৰি।
বহু দেশে দেশে গৃহদাহ দেখি
 চিন্তিত হওঁ বৰ
মনৰ মানুহ বহুতেই দেখোঁ
 ঘৰতে হৈছে পৰ
 মই এটি যাযাবৰ
ধৰাৰ দিহিঙে দিপাঙে লৰিৱৌঁ
নিবিচাৰি নিজা ঘৰ।

Kolkata: 1968 • Translation on page 61
• English word approximations on page 148

58

AKAXI JANERE

আকাশী যানেৰে

আকাশী যানেৰে
উৰণীয়া মনেৰে
দোকমোকালিতে
পচিমৰে পৰা, বংগৰ পৰা মাৰিলোঁ উৰা
মোৰ লক্ষ্যস্থান হ'ল তেজপুৰ—
            আকাশী যানেৰে।

মই লাহে লাহে ধৰিত্ৰী এৰিলোঁ
মই উৰি উৰি মেঘতে সাঁতুৰিলোঁ
মোৰ মন বগ আজি দেখোঁ বিমান হ'ল
মোৰ বিমানখনি দেখোঁ কল্পনা হ'ল
কাৰ মিঠা মাতে কৰে মোক আত্মহাৰা
শুনো চিনাকি সুৰৰী সুৰ
    মোৰ লক্ষ্যস্থান হ'ল তেজপুৰ—
            আকাশী যানেৰে।

পদ্মা নৈ, অ' পদ্মা নৈ
তই গ'লি ক'লৈ?
পদ্মা নৈৰে ওপৰেদি
            আমাৰ বিমান নুৰে
হঠাতে ভুমুকি মাৰে গৌৰীশংকৰে
ধৱল ধৱল গিৰিৰ শিৰত
            প্ৰভাতী ৰ'দ পৰে
কাঞ্চনজংঘাৰ কাষেদি
            আমাৰ বিমান আজি ঘূৰে
কেতিয়ানো শুনোগৈ চিনাকি মোৰ সুৰ?

তলত দেখিলোঁ মই গাৰো পাহাৰ
সেইয়া যেন ক'ৰবাৰ সেউজ সাগৰ
    ওখৰা মোখৰা কতনা লহৰ।
অলপ আগুৱালোঁ,
অলপ নামিলোঁ
সেইয়া কিবা চিনাকি দৃশ্য দেখিলোঁ
কি সেই ধুনীয়া অলকাপুৰী
গুৱাহাটী মহানগৰী

continued on next page

58
AKAXI JANERE
আকাশী যানেৰে

লাহে লাহে দেখিলোঁ বাগিচা চাহৰ
বাঁহৰে লেকেচীৰ আগত
বহি থকা সৌন্দৰ্য্য কপৌ হালৰ।

ক'ত আছে অগনিৰ গড়?
ক'ত মোৰ উষা নগৰ?
পাৱঁ যেন পাৱঁ মোৰ উষা নগৰ
মায়াবিনী বিমানখনি হ'ল চিত্ৰলেখীজনী,
কঢ়িয়াই আনিছে উষাৰ পুৱলৈ
মই নিজেই যেন অনিৰুদ্ধ কোঁৱৰ
মায়াৰে খুলিম মই ৰুদ্ধ দুৱাৰ
জ্যোতি নাটকৰে মই ৰূপহ কোঁৱৰ।
সৌৰা কুঁৱৰী সদ্যস্নাতা উষাই
কেশৰ মেঘালী মেলি
মোলৈকে আছে বাট চাই
মই উষাক কৰিমেই চুৰ।

মোৰ বিমান পালেহি তেজপুৰ
আকাশী যানেৰে
উৰণীয়া মনেৰে
পালোহি মোৰ মৰমৰ তেজপুৰ।

Tezpur: 1963, 31st Dec (as per Pravin Hazarika) On flight from Kolkata to Tezpur • Translation on page 62-64 • English word approximations on page 149

59
XUWORONI MOR

সোঁৱৰণী মোৰ

সোঁৱৰণী মোৰ ৰাঙলী জীৱনৰ
ৰঙবোৰ কেনিবা গ'ল
পাহৰণি এন্ধাৰত ধুনীয়া অতীতৰ
জীৱন্ত সমাধি হ'ল।

মনৰে আঁতবোৰ
কেনি হেৰৱালোঁ।
ভাষাৰে পখিলী কেনি উৰৱালোঁ
বহু দূৰ আঁতৰি গ'ল
উভতি নোচোৱা হ'ল।
হাতীপটি ভাগি পৰিল
আকাশত অগনি জ্বলিল
সুৰুযৰ চকুলো সৰিল।

পাহৰা দিনৰে কত পম খেদিলোঁ
গভীৰ নিৰাশাৰ লুইতত বুৰিলোঁ
উশাহ নোহোৱা হ'ল
সুৰবোৰ আঁতৰি গ'ল
সোঁৱৰণী মোৰ
ৰাঙলী জীৱনৰ ৰঙবোৰ কেনিবা গ'ল।

film: Puwoti Nixar Xopun, 1959 • Translation on page 65
• English word approximations on page 152

60

POTROLEKHA

তোমাৰ দেখোঁ নাম পত্ৰলেখা

তোমাৰ দেখোঁ নাম পত্ৰলেখা
পত্ৰ তুমি নিলিখা হ'লা
হয়তো মোৰ পুৰণা ঠিকনা
তোমাৰ মনত নাই।
    হয়তো তুমি তোমাৰ মৰমবোৰ
    থৈছা সাঁচি কাৰোবালৈ গুপুতে বুকুতে
    তাত মোৰ ভাগেই নাই,
    কিম্বা মোৰ পুৰণা ঠিকনা
    তোমাৰ মনত নাই।

(আজি) বহু ঋতু পাৰ হৈ গ'ল,
মোৰো মনৰ পত্ৰ বহু লিখা যে নহ'ল
মোৰ ক্ষমাও যে নাই,
হয়তো সেয়ে তোমাৰ অভিমানৰ
পৰিধিও নাই।
    মোৰ চিত্ৰ নাট গীত কবিতাত
    বিচাৰিলে পাবা চাগৈ পুৰণা ঠিকনা
    তুমি বিচৰাহে নাই,
    কিম্বা তোমাৰ ঠিকনা বিচৰাৰ
    অৱকাশ নাই।
পত্ৰলেখা আজি যদি
মোৰ ঠিকনা সোধা,
সমিধানত মৌনতাহে পাবা
কাৰণ মই এক জিৰণি বিহীন
বেদুইন হ'লো জীৱন চাহাৰাৰ
ঠিকনা মোৰ নাই।।

Kolkata, February, 1968 • Translation on page 66
• English word approximations on page 153-154

61
OTITOR BURONJI LIKHOKE LIKHISIL

অতীতৰ বুৰঞ্জী

অতীতৰ বুৰঞ্জী লিখকে লিখিছিলে
ৰজা মহাৰজাৰ কথা।
আজিৰ বুৰঞ্জী লিখকে লিখিছে
মানুহৰ মুক্তিৰ কথা।

মিছৰ দেশৰ নীল নৈৰ পাৰেৰে
ফাল্লাহীনে বিনালে
কৈ কৃষকৰ বুকুৰে বেথা।
মিচিচিপিৰ পাৰতে কপাহৰে খেতিতে
নিগ্ৰো 'জনে' বিনালে
কৈ মানুহৰ বৰণৰ কথা।

লুইতৰে পাৰেৰে গাঁৱৰে মৰিশালিত
ৰংমনে নিতৌ চিঞৰে
কৈ বোৱতী মনৰে কথা।
পাহৰি পেলালোঁ বুৰঞ্জীয়ে গোৱা
সামন্ত যুগৰে কথা।
সময়ৰ সাহেৰে
লিখি যাম আজি মই
মানুহৰ মুক্তিৰ কথা।

By the River Nile, Cairo, 1952 • Translation on page 67
• English word approximations on page 155

62

EI PRITHIBI EK KRIRANGON

এই পৃথিৱী এক ক্ৰীড়াংগন

এই পৃথিৱী এক ক্ৰীড়াংগন
ক্ৰীড়া হ'ল শান্তিৰ প্ৰাংগণ।
এই পৃথিৱী এক ক্ৰীড়াংগন, ক্ৰীড়াংগন
যৌৱন য'ত আজি জ্যোতিৰ্ময়
অসুস্থ এলাহক এফলীয়া কৰি য'ত
জীৱনৰ গতি হয় কৰ্মময়—
কৰ্মময়, কৰ্মময়।।

বিচ্ছিন্নতাৰ নীতি নেলাগে—
কাম্য সমন্বয়।
ক্ৰীড়াবিদে নেজানে একতা বিনে
একতাৰ ধ্যানতে তন্ময়।
ক্ৰীড়া মাথো খেল ধেমালি নহয়
নহয় মাথো প্ৰতিযোগিতা
এক সুন্দৰ সবল জাতি গঠনত
ক্ৰীড়াই কৰে সহযোগিতা।।

চৌদিশে যত ভাঙনৰ চিন্তা
মূল্যবোধৰ অৱক্ষয়
নিয়মানুৱৰ্তী ক্ৰীড়াবিদে কৰে
অনন্ত জ্যোতিৰে অক্ষয়।।

Tezpur 20th December, 1995 • Translation on page 68
• English word approximations on page 156

63
EI PAANI

এই পানী

উত্তৰে পানী... ... ...
এই পানী কি যে পানী—দুৰ্বিষহ পানী
তৃষ্ণাৰ্তৰ ই নহয়তো পানী।।
   শুকান ধৰিত্ৰীৰ অশ্ৰুভৰা
   নহয় ই আকৃতি
     এই বানপানী।।
এই পানী
এই পানী ত্ৰাসৰ
এই পানী বেজাৰৰ
এই পানী মৃত্যুৰ কুসংবাদ।।
এই পানীয়ে মাতৃ স্তনৰ পৰা
কেচুৱাক কাঢ়ে
এই পানীয়ে কৃষকক পথাৰৰ পৰা
কাঢ়ি নি মৃতদেহলৈ পৰিণত কৰে।
উত্তৰে পানী... ... ...
এই পানীয়ে মানুহৰ সকলো বুদ্ধিবৃত্তিক
উপলুঙা কৰি কৰি লথিয়াই থৈ যায়
   সহস্ৰ গাঁৱৰে ঘাট।
এই পানী ভয়াবহ
বিষাক্ত মৃত্যুৰ মহা আৰ্তনাদ।।
উত্তৰে পানী... ... ...

Guwahati. 31st May, 1990 • Translation on page 69
• English word approximations on page 157

64

PROTHOM NOHOI

প্ৰথম নহয় দ্বিতীয় নহয়

প্ৰথম নহয় দ্বিতীয় নহয়
তৃতীয় শ্ৰেণীৰ যাত্ৰী আমি
জীৱন ৰেলৰ দবাত আমি
প্ৰথম নহয়, দ্বিতীয় নহয়
তৃতীয় শ্ৰেণীৰ যাত্ৰী আমি।

মাজে মাজে মাজে
এই ৰেলে চিঞৰে
নোপোৱাৰ বেদনা জুই হৈ উৰে
আমাৰেই জুইৰেই অগ্ৰগামী
প্ৰথম নহয় দ্বিতীয় নহয়
তৃতীয় শ্ৰেণীৰ যাত্ৰী আমি।
লগত আছে বোজাৰ বৰ বৰ পেৰা
সেই পেৰা অতীতৰ চকুলোৰে ভৰা
আমাৰেই চকুলো বাষ্প সজালোঁ—

(সেই) বাষ্পেৰেই আমি দ্ৰুতগামী
প্ৰথম নহয় দ্বিতীয় নহয়
তৃতীয় শ্ৰেণীৰ যাত্ৰী আমি।

তৃতীয় শ্ৰেণীৰ শত সহযাত্ৰী
মিলি দেখিম পুৱাৰ কাল ৰাত্ৰি
একেলগে হে পাম গৈ লক্ষ্য আমি
প্ৰথম নহয় দ্বিতীয় নহয়
তৃতীয় শ্ৰেণীৰ যাত্ৰী আমি।

Kolkata: July 1963 • Translation on page 70
• English word approximations on page 158-159

65

XURJYO UDOI JODI

সূৰ্য্য উদয় যদি লক্ষ্য আমাৰ

সূৰ্য্য উদয় যদি লক্ষ্য আমাৰ
সূৰ্য্যাস্তৰ পিনে ধাৰমান কিয়?
শীতল বৃষ্টি যদি কাম্য আমাৰ
অনাবৃষ্টি খেদি ফুৰিছোঁ কিয়—
                    ফুৰিছোঁ কিয়?
কেতিয়াবা দেউতাৰ চকু দুটা পোৰে
বুঢ়ী আইয়ে নিজৰেই চকুপানী পিয়ে।
দেশৰ ৰাইজখনে প্ৰাপ্য বিচাৰি
        নিজৰেই ডিঙি পাতি দিয়ে।

ভাবিছিলোঁ কিবা পিছে হ'লগৈ কিবা
          অংকটো নিমিলা হ'ল
সমৃদ্ধি সপোন ভাগিল ছিঙিল
পৃথিৱী নিমাতী হ'ল অ' আই
          পৃথিৱী নিমাতী হ'ল।
সমাজ ঘড়ী আজি থমকিছে কিয়?
অনাবৃষ্টি খেদি ফুৰিছোঁনো কিয়?
সংজ্ঞাবিহীন শান্তিৰ ভাৱনা
        পুৰণি গুহাত লুকায়
অৱচেতনাৰ আৰ্তনাদেৰে
        নিজকে নিজে ঘপিয়ায়।

বহুদিন হ'ল—খৰাং বতৰ
        ক্ষয় চিহ্নিত ভালপোৱা
বৰগছ শিপা আৰু কঠিয়াতলীত
        তেজ ঢালিবলৈ যোৱাঁ
        সাৰ ঢালিবলৈ যোৱাঁ।

হওক কলিজাৰ তেজবোৰ
        কাজল কাজল মেঘ
মৃত ভাইটিৰ চকু কৃষ্ণচূড়া।
ব্যক্তি গোষ্ঠী মিলি বোৰাঙৰু আহাঁ
        শান্তিৰ শীতল নিজৰা।
আৰু সময় নষ্ট কৰোঁ কিয়?
সূৰ্য্য উদয় যদি লক্ষ্য আমাৰ
সূৰ্য্যাস্তৰ পিনে ধাৰমান কিয়?

Mumbai: 16th June: 1997 • Translation on page 71
• English word approximations on page 160-161

66

XOROTOR XEWALIR

শৰতৰ শেৱালিৰ নতুন নিয়ৰে

শৰতৰ শেৱালিৰ নতুন নিয়ৰে
শুভ্ৰ শুভ্ৰ কিবা ছবি আঁকে,
শুকুলা ডাৱৰৰ পতাকা উৰুৱাই
মুক্তিৰ গীত গায় শৰালি জাকে।

নিয়ৰ বিন্দু হ'ল জীৱন দাপোণ
তাতেই দেখোঁ মই আশাৰ সপোন
ক্ষুদ্ৰতে বিশালক যদি বিচাৰা
দেখিবা বিন্দুতে সিন্ধু থাকে।

শৰতৰ সৰাপাত কিয় বুটলিম
ৰিক্ত ৰিক্ত মন কিয় আদৰিম?
বদ্ধ বদ্ধ সীমা কিমান সহিম?
মুগ্ধ মুগ্ধ মই আকাশ দেখি,
স্নিগ্ধ স্নিগ্ধ ফুল মনেৰে লেখি,
মুক্ত মুক্ত কঁহুৱাৰ নাচোনে
হঁহুৱায় নিৰাশাৰ ফাঁকে ফাঁকে।

Guwahati, 1963 • Translation on page 72
• English word approximations on page 162-163

67
ZINDABAD MANDELA

জিন্দাবাদ মেণ্ডেলা

জিন্দাবাদ মেণ্ডেলা
মেণ্ডেলা জিন্দাবাদ
জিন্দাবাদ মেণ্ডেলা
মেণ্ডেলা জিন্দাবাদ।
সাতাইছ বছৰ আৰু সাতটা মাহৰ
    বন্ধ কাৰাগাৰ ভাঙিলা
প্ৰখৰ ৰৌদ্ৰ ৰূপে আফ্ৰিকাৰ
    নতুন যুৱক হৈ ওলালা,
জিন্দাবাদ মেণ্ডেলা
মেণ্ডেলা জিন্দাবাদ।

বৰ্ণ বৈষম্যৰ জীৰ্ণ প্ৰাচীৰখনি
    বজ্ৰ হাতুৰীৰে ভাঙিলা
মুক্ত আকাশৰ উদ্দেশ্যে
    দৃঢ় মুষ্টি তুমি তুলিলা
জিন্দাবাদ মেণ্ডেলা
মেণ্ডেলা জিন্দাবাদ।
কৃষ্ণাংগৰ চিৰমুক্তি তোমাৰ আজীৱন যুক্তি
    যাৱজ্জীৱন কাৰাদণ্ডতো
নকৰিলা আপোচৰ চুক্তি
    তুমি নকৰিলা আপোচৰ চুক্তি।

সাম্যপিয়াসী লক্ষজনৰ
    বন্দী শিবিৰ তুমি নাশিলা।
জিন্দাবাদ মেণ্ডেলা
মেণ্ডেলা জিন্দাবাদ।।

Kolkata: 1990 • Translation on page 73
• English word approximations on page 164-165

68

BHANG BHANG

ভাঙ শিল ভাঙ

ভাঙ! শিল ভাঙ! শিল ভাঙ
ভাঙ ভাঙ ভাঙ ভাঙোতা শিল ভাঙ
তোৰ ঘাম ভৰা নঙঠা পিঠি
তপত ৰ'দত যায় ফাটি
কোমল ভৰিৰ তলুৱাত জ্বলে
তপত ৰঙা ৰঙা মাটি
তথাপি তোৰ নাই গুণ গাৰ্ণতা।

আকাশ পৰশা ক'লা শিলবোৰে
যুগ যুগ আছে উন্নত শিৰে
ভাবে সৰু সৰু মানুহৰ নাই শক্তি
চূ' কৰিব শিল শক্তিৰ মূৰ্তি
ভাবে নাই নাই নাই হাত দাঙোতা

নিজ হাতেৰে শুকান মাটি খান্দ,
সৰু শিলেৰে সেন্দুৰী আলি বান্ধ
অ' তই নিজ হাতে গঢ় দিয়া আলিটিৰে অহা
যুগৰ সভ্যতাই আগ বাঢ়ে
তই শিলেৰে ইতিহাস ৰচোঁতা
তই সাম্যৰ ৰহণ সানোঁতা।

Guwahati: 1953 • Translation on page 74
• English word approximations on page 166-167

69

TUMI BIYAR NIXAR

তুমি বিয়াৰ নিশাৰ

তুমি বিয়াৰ নিশাৰ শয়ন পাটীৰ
এপাহি ৰজনীগন্ধা
তোমাৰ মূল্য এনিশাৰ।

পিছৰ দিনা সূৰুয উঠাৰ
পিছৰ বাহী শয্যাত
তুমি মূল্য বিহীন ভাৰ।

তুমি ফুলিছিলা আশাৰে বহুত
আঁচনিকে লৈ।
গন্ধবিহীন কোঠাতে তুমি
সুৰভি বিলাবলৈ।
মালীয়ে তোমাক ছিঙাৰ পিছত
কিয় কৰা হাহাকাৰ?

ফুলশয্যা পাটগাভৰুৰে
তোমাৰেই সজালে
কইনা দৰাই অত আলফুলে
তোমাকেই পৰশিলে।

(পিচে) পুৱাতে তোমাক সাৰি পুচি দেখাঁ
নিবিচাৰে এটি বাৰ।

তুমি বিয়াৰ নিশাৰ শয়ন পাটীৰ
এপাহি ৰজনীগন্ধা
তোমাৰ মূল্য এনিশাৰ।

Kolkata: 1st August: 1978 • Translation on page 75
• English word approximations on page 168

70

MADARORE PHUL

মদাৰে ফুল হেনো পূজাতো নেলাগে
মদাৰে ফুল হেনো সবাহত নেলাগে
লাগে পিচে বহাগতে ৰং সানিবলে
লাগে পিচে আকাশতে জুই জ্বলাবলে।
  কোনোবাই মোক হেনো মদাৰে বিজালে
  আমাৰ দৰে লোক হেনো কামে কাজে নেলাগে
  লাগে পিচে সমাজতে ৰং সানিবলে
  লাগে পিচে সমাজতে জুই জ্বলাবলে।

মদাৰ গছত বগোৱা পাণ
খাবলেহে ভাল—ভাল।
উৰ্ধমুখী পাণলতাৰ
প্ৰতিজ্ঞাহে ভাল—ভাল।
পাণ হৈ মদাৰতে
বগোৱা জনহে ভাল—ভাল।
কাঁইটতে বুকুৰে তেজ ঢলা জনহে ভাল।
মদাৰে জুই শিখা বিচৰা জনকে
বহাগতে মই আজি যাম পূজিবলে।

  সচা সৰু মানুহ যদি
  ৰঙা মদাৰ হয়
  মদাৰে শিখা যদি
  হাতে হাতে লয়,
তেতিয়াহে সমাজ-আকাশ জ্যোতিৰে ভৰিব
জ্যোতি লাগে অন্ধাৰকে নাশ কৰিবলে।

  মদাৰ নেলাগে পূজাত
  কাৰ পূজা সেয়া?
  তেনে পূজা নেচাওঁ আমি
  সেই সবাহ বেয়া

পূজাত লাগে মিছা কাগজবহে ফুল
তাতে কতই মানৱতা যায় বেচিবলে'।

  যাৰ পূজাত নৰমাংস
  সেৰ জোখে কিনে
  কিনি তাতে গোলাপৰে
  আতৰ কিছু সানে।

যাৰ পূজাত মিছা-গৰল মোনে মোনে আহে
মাটিৰ জীৱন-অমৃততেৰে যাৰ ৰাহি নাহে।
তেনে লোকক কাঁইটতেৰে শয্যা পাতি দিয়া
দি মদাৰ জুইবে জ্বলোৱা মানুহ কৰিবলে।
  কোনোবাই মোক হেনো মদাৰে বিজালে
  আমাৰ দৰে লোক হেনো কামে-কাজে নেলাগে।

3rd April, 1964, Kolkata • Translation on page 76
• English word approximations on page 169-170

71

TOMAR UXAH

তোমাৰ উশাহ কঁহুৱা কোমল

তোমাৰ উশাহ কঁহুৱা কোমল
     শেৱালি কোমল হঁহি
হঁহিয়ে হৃদয় ভৰিলে শুনাই
     এটি কিবা মিঠা বাঁহী।।
     শাৰদীয়া চেনেহীৰে
     কঁকাল ইমান লাহী।।

হঠাৎ আজি গালোঁ মই
মৰম সনা গীত
তাকে শুনি চেনেহীৰে
উখল মাখল চিত।
বালিত নাচে আমাক জোকাই
     এটি সৰু বালিমাহী।।

ৰুণুক জুণুক সৰা পাতত
নিয়ৰ সৰি পৰে
গালে মুখে নিয়ৰ সানি
ধেমালিখন কৰে
শেৱালিৰে বিচনাতে
আমি দুয়ো শুলোঁ
শুই শুই মেঘৰ আঁৱৰ
শৰালি গণিলোঁ
এহাল হাঁহে আদৰিলে
হঠাৎ নামি আহি।।
তোমাৰ উশাহ কঁহুৱা কোমল
     শেৱালি কোমল হাঁহি

October, 1972 • Translation on page 78
• English word approximations on page 171

72

NELAGE SAMAJ

নেলাগে সমাজ নেলাগে নেলাগে

নেলাগে সমাজ নেলাগে নেলাগে
সময় দেখুওৱা ঘড়ী
সময় এবাৰ থমকি ৰওকচোন
আমাকে সাক্ষী কৰি।
আবেলিৰ ৰামধনু থপিয়াই আনি
টুকুৰা টুকুৰ কৰি
ছটিয়াই দিম তোমাৰ গালে
ল'বাচোন শয্যাত পাৰি।।
বিজুলীৰ একোছা আগচুলি আনি
অতি মৰমৰ এনাজৰী
মেৰিয়াই ল'ম দুয়োৰে দেহাত
আকাশেও দিব সঁহাৰি।
বাধাৰ বুৰঞ্জীৰ বহুতো পুথি
টুকুৰা টুকুৰ কৰি
দলিয়াই দিম এন্ধাৰৰ ফালে
যাব ক'ৰবালে উৰি।
ধুমুহাৰ নিশ্বাস ময়েই হ'লো
তুমি সাগৰৰ লহৰী
নেলাগে উষা, হওক নিশা
অন্তহীন উজাগৰী।

Kolkata, 1st September, 1964 • Translation on page 79
• English word approximations on page 172

73

LIENGMAKAW

লিয়েংমাকাও

লিয়েংমাকাও
কোন পাহাৰ শিখৰতে
 বাট চাইছাঁ?
সুৱৰ পঁজা কিয় উদং ৰাখিম
অকলশৰে মই কিমান কান্দিম
তাকে একমনে ভাবিছাঁ?

চুলিটাৰি—তাতে
 ডিয়েংচিয়ে পাতৰ ৰঙ সানিছা।
 সেই ৰঙ লাগি হঁহা
  শ্বৰতি বাঁহীৰ
   সুৰধ্বনি তুমি শুনিছা?
অ' আকাশ
মোৰ লগৰীক তুমি জানো দেখিছা?
তেঁওৰ জেইনচেম খনি বিজুলীৰে বোৰা,
ৰঙা ওঁঠ যুৰি অ' মৌৰে বোলোৱা,
 তুমি জানো মন কৰিছা?
অ' নিয়ৰ!
 সুহুৰি মাৰিছা
  খুবলেই শ্বিৰুন
   শ্বিৰুন তোমাকে—
মোৰ মানসীৰ
 দেহাৰে ভাঁজত
  কোমলতা তুমি সানিছা।

Film: Pratidhwani, Shillong, 1964 • Translation on page 80
• English word approximations on page 173

74

JAH JAAGOI

যাঃ যাৈগ

যাঃ যাৈগ
  জীৱনৰ যোৱা দিনবোৰ
  যাঃ আমনি নকৰিবি!!
যাঃ যাৈগ
  পুৰণি গোৱা গীতবোৰ
  যাঃ অগনি নজ্বলাবি!!

মিঠা মিঠা কিবা সোঁৱৰণী
পাহৰা গীতৰে কথাখিনি,
চিনাকি চিনাকি মুখ এখনি
সুঁৱৰিও দেখো নাপাওঁ চিনি।

এৰি অহা দূৱৰি কিয় বাৰু গছকোঁ?
আশাৰে ৰঙা ৰং মেঘেৰে নাঢাকোঁ
নাই আৰু নাভাবোঁ মনতো নাৰাখোঁ
নাই নাৰাখোঁ।।

উকা নিশাৰে এই সময়খিনি
নেযায় নুপুৰায় কি যে বিঘিনি
পাহৰি এই সুৰ পুৰণি
সাৰটো নতুনৰে আঁচনি।।

75
ETI KUNHI DUTI PAAT

এটি কুঁহি (কলি) দুটি পাত

এটি কুঁহি (কলি)
দুটি পাত
ৰতনপুৰ বাগিচাত
লহপহীয়া হাতেৰে কোনেনো ছিঙিলে
অ' কোনেনো ছিঙিলে?

এন্ধাৰ ক'লা চুলিৰে
জবা ফুলৰ পাহিৰে
পাপৰিবোৰ উকৱাই কোনেনো হাঁহিলে
অ' কোনেনো হাঁহিলে?

জুগনু আৰু লছমীৰে
বিয়াৰ দিনাৰ ঝুমুৰে
ৰতনপুৰ বাগিচাত জোৰাৰ তুলিলে
অ' জোৰাৰও তুলিলে।

জুগনু আৰু লছমীৰে
মৰমখিনিৰ ৰূপেৰে
এটি সৰু কেঁচুৱাই পঁজা উজলালে
অ' পঁজা উজলালে।

জুগনু আজি এটি পাত,
লছমী আজি এটি পাত,
কেঁচুৱাটি সৰু কুঁহি (কলি) ভাগৰি পৰিলে
অ' ভাগৰি পৰিলে।

এই মানুহ কুঁহি (কলি) দুটি পাত

continued on next page

75
ETI KUNHI DUTI PAAT
এটি কুঁহি (কলি) দুটি পাত

ৰতনপুৰ বাগিচাত
অকালতে ছিঙিবলৈ পিশাচও আহিলে
অ' পিশাচও আহিলে।

দুটি পাতৰ লটিঘটিত
আলফুলীয়া কেঁচুৱাটিৰ
আশাৰ চাকি ঢাকি কোন পিশাচে হাঁহিলে
অ' পিশাচে হাঁহিলে।

তাম বৰণৰ দেহাৰে
সবল সুঠাম বাহুৰে
ধম্ ধমা ধম্ মাদল বজাই
  কোনেনো নাচিলে
হেজাৰে নাচিলে।

নতুন তুফান আহিলে
  হেজাৰ মাদল বাজিলে
সেই মাদলৰ সাহস দেখি
  পিশাচও পলালে
  অ' পিশাচও পলালে।

Guwahati, 1955 • Translation on page 82
• English word approximations on page 175-176

76

BUKU HOM HOM KORE

বুকু হম হম কৰে

বুকু হম হম কৰে মোৰ আই!
কোনে নিদ্ৰা হৰে—মোৰ আই!
পুত্ৰ হৈ মই কিমতে তৰোঁ?
আই! তোৰে হৈ মই মৰোঁ।
 দেশৰে চন্দ্ৰমা
 কাল এন্ধাৰে আৱৰে
অগনি কালিকা
দেহ ৰন্ধ্ৰে ৰন্ধ্ৰে চৰে।

 বজ্ৰসম দৃঢ় আই
 চৌপাশৰে গড়
 চৌপাশৰে গড় ভেদিম
 কিঞ্চিতো নাই পৰ।
যাচিম সান্ত্বনা
আই মুক্তি প্ৰভাতেৰে
থাপিম থাপনা
আই শোণিত তিয়াগেৰে।

film: Monram Dewan. Kolkata, 1963 • Translation on page 84
• English word approximations on page 177

About the Translator

Syed Ahmed Shah (Manju)
(b: August 4, 1958, Shillong, ~ d: April 22, 2021, Guwahati, Assam).

Syed Ahmed Shah was born in Shillong, one time capital of undivided Assam. He grew up in several towns across the Brahmaputra Valley before settling down in the city of Guwahati.

An officer in the Department of Customs and Central Excise, Government of India, in his spare time he had been translating lyrics of popular Assamese and Hindi songs, as well as poems of various Assamese poets, both old and new, just for the sheer joy of it. But translating Bhupen Hazarika was a passion borne out of pure love, a mission. He grew up listening to it, what he likes to describe as 'the background score' of his life, for over half a century.

This was Syed Ahmed Shah's third book.

About the Editor

Syeda Jebeen S. Shah, a native of Guwahati, Assam, studied science as an undergraduate at Cotton College (Guwahati University) and graduated with top honors from Aligarh Muslim University in English literature, with Linguistics and Political Science as subsidiaries. A working resident of New York City she lives with her artist husband Nakibul G. Ahsan. In her spare time she writes poems, short stories and articles in Assamese and English, some of them published. She is currently working on a couple of books: Her Assamese translations of Sufi poet Jalaluddin Rumi, and love poems of Indian Poet Mirza Ghalib, and two books of her English translations of Assamese poetry, one for a single poet, the other for a group of poets, which should be coming out in the spring of 2019.

www.ingramcontent.com/pod-product-compliance
Lightning Source LLC
Chambersburg PA
CBHW041305110526
44590CB00028B/4245